総統とわたし

「アジアの哲人」李登輝の一番近くにいた日本人秘書の8年間

早川友久
Tomohisa Hayakawa

ウェッジ

李登輝アルバム

李登輝総統の生涯を、24点の写真で紹介します。
秘書として長年、すぐそばにいたからこそ撮ることができた、
貴重な写真も(ページ数は本文の関連ページ)。

01・2015年8月、淡水の事務所にて書類を読む。李登輝は背が高く押し出しがよかったので、麻で仕立てられたサファリシャツがとてもよく似合った。

03・民進党の選挙演説会場。明るい光に包まれ熱気にあふれる会場で、民主化や独立などを熱く語る人たちを見た著者は、すっかり台湾のとりこになってしまう。

02・黄林玉鳳さんとの出会いが、著者の運命を大きく変えた(6ページ)。

04・講演の合い間、李登輝に、訪問客の近況などをレクチャーする著者。万全の準備で訪問客をもてなすのが李登輝の心配りの秘訣だ(25ページ)。

05・自宅に日本の若者を招き、話を聞く。日本と台湾は運命共同体と考える李登輝には、これから日本を引っ張っていく若い世代に伝えたいこと、話しておきたいことが山ほどある（49ページ）。

07・事務所は台北郊外、風光明媚な淡水に立つオフィスビルの最上階にある（21ページ）。

06・台湾の若者と語らう李登輝。今の若者が何を考え、どんな意見を持っているのかを聞く。時間を忘れて話し込んでしまうことも多い。

08 • 1943年、故郷である三芝の廟で撮影した家族写真。李登輝は後列右、左隣は兄。前列右端が父・李金龍氏(125ページ)。

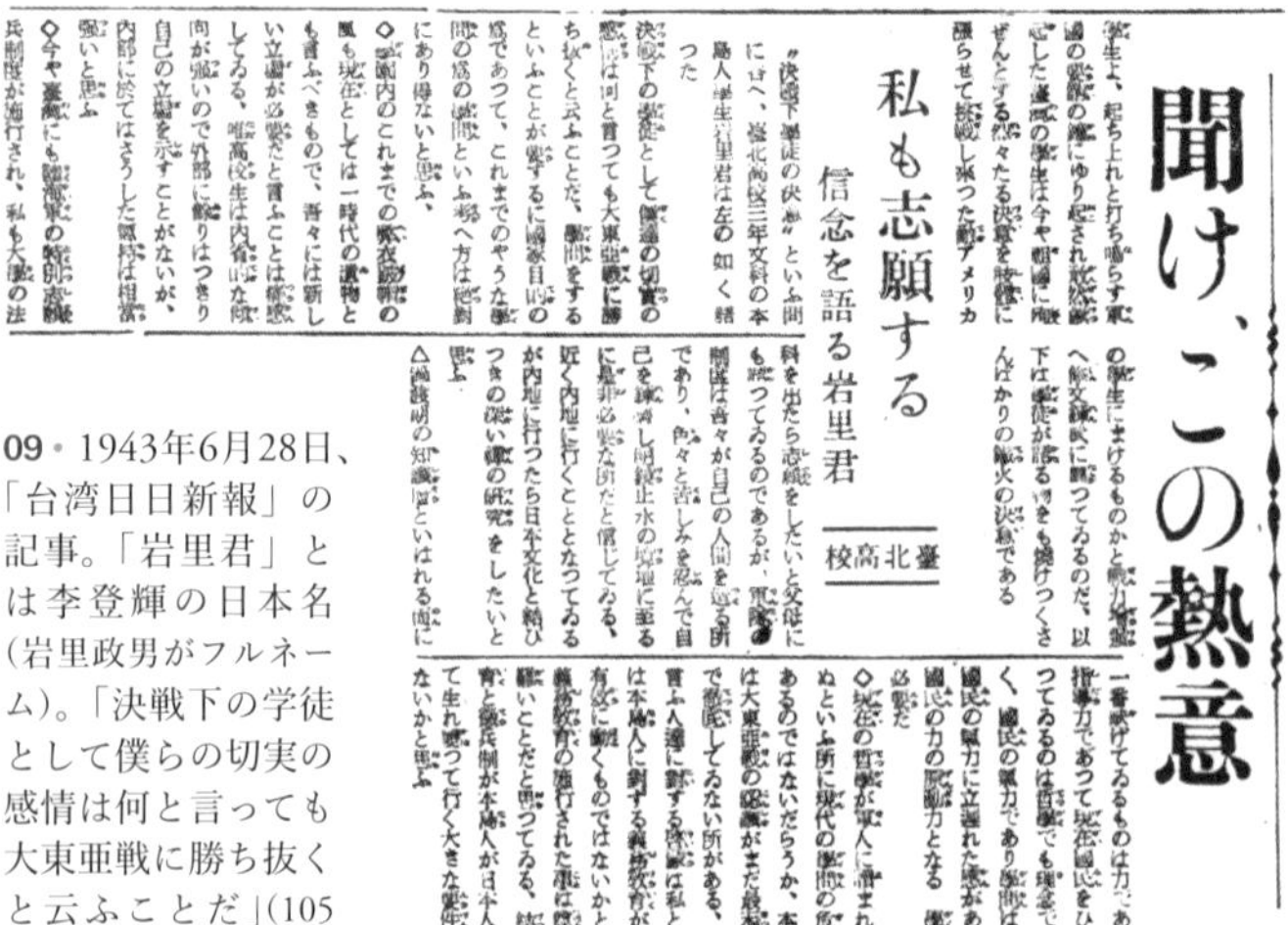

聞け、この熱意

学生よ、起ち上れと打ち鳴らす軍国の警鐘の響にゆり起され敢然蹶起した遂我の学生は今や断固に殉ぜんとする烈々たる決意を胸中に漲らせて挺身し来つた鬼畜アメリカの学生にまけるものかと戦力増強へ論文試験に闘つてゐるのだ、以下は学徒が語る何をも焼けつくさんばかりの熱火の決意である

私も志願する

信念を語る岩里君

臺北高校

"決戦下学徒の決意"といふ問に対へ、臺北高校三年文科の本島人学生岩里君は左の如く語つた

決戦下の学徒として僕達の切実の感情は何と言つても大東亜戦に勝ち抜くと云ふことだ、学問をするといふことが要するに国家目的の為であつて、これまでのやうな学問の為の学問といふ方へ方は絶対にあり得ないと思ふ、

◇学園内のこれまでの弊衣破帽の風も現在としては一時代の遺物とも言ふべきもので、吾々には新しい立場が必要だと言ふことは痛感してゐる、唯高校生は内省的な傾向が強いので外部に飾りはつきり自己の立場を示すことがないが、内部に於てはさうした気持は相当強いと思ふ

◇今や臺湾にも陸海軍の特別志願兵制度が施行され、私も大学の法科を出たら志願をしたいと父母にも謀つてゐるのであるが、軍隊の訓練は吾々が自己の人間を造る所であり、色々と苦しみを忍んで自己を鍛錬し明鏡止水の境地に至るに是非必要な所だと信じてゐる、近く内地に行くこととなつてゐるが内地に行つたら日本文化と結びつきの深い国史の研究をしたいと思ふ

△論語明の知識層といはれる面に一番欠けてゐるものは力であり、指導力であつて現在国民をひきづつてゐるのは哲学でも理念でもなく、国民の気力であり学問はその国民の気力に立遅れた感があるが国民の力の原動力となる学問が必要だ

◇現在の哲学が軍人に読まれてゐぬといふ所に現代の学問の危機があるのではないだらうか、本島では大東亜戦の認識がまだ最末端まで徹底してゐない所がある、さう言ふ人達に対する啓蒙は私としては本島人に対する義務教育が一番有效に働くものではないかと思ひ義務教育の施行された事は嬉しい有難いことだと思つてゐる、義務教育と徴兵制が本島人が日本人として生れ変つて行く大きな要件ではないかと思ふ

09 • 1943年6月28日、「台湾日日新報」の記事。「岩里君」とは李登輝の日本名(岩里政男がフルネーム)。「決戦下の学徒として僕らの切実の感情は何と言っても大東亜戦に勝ち抜くと云ふことだ」(105ページ)。

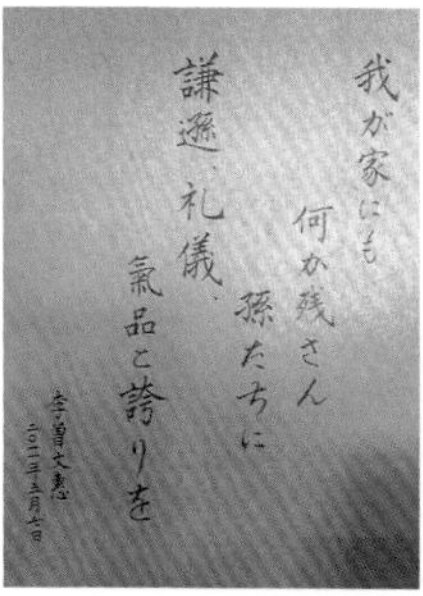

11・李登輝夫人・曽文恵さんの書。「我が家にも何か残さん孫たちに謙遜、礼儀、気品と誇りを」

10・台北市長時代の家族写真。右から次女の李安妮さん、奥様の曾文恵さん、李登輝、長女の李安娜さん、左端の長男・李憲文さんはこの写真を撮った数年後、32歳の若さでガンで亡くなっている。

13・2007年の「おくのほそ道」散策では日光のほか、岩手県平泉の中尊寺や宮城県の松島などを巡る。あわせて戦没した兄・李登欽氏を祀る靖国神社を参拝した。写真は中尊寺にて芭蕉像と。

12・2007年、84歳の李登輝は「おくのほそ道」をたどる旅で、栃木県日光を訪れる。レストランに展示されていた父・李金龍氏94歳のときの日光旅行のスナップ写真を見て「また来ます！」と挨拶をした（103ページ）。

15・2017年頃、孫娘の愛犬をひざにくつろぐ。

14・2014年の旧正月、前年11月に生まれた息子を連れて、年始の挨拶に伺う(25ページ)。

16・2015年、国会議員会館での講演を要請される。戦後、台湾の総統経験者が日本の国会で行う初めての講演となった(117ページ)。

18・石垣島で見つけた「日常の五心」が書かれた湯呑茶碗。日本中でよく見かける茶碗だが、そこに李登輝は「日本精神」の真髄を見つけた(43ページ)。

17・2016年7月の石垣島訪問では、真珠の養殖や石垣牛の生産なども視察。写真はご夫妻で琉球真珠を選ぶ様子。

19・2018年6月、台湾出身戦没者慰霊祭への出席のため沖縄を訪問。講演では中国の覇権主義を鋭く批判した。写真は花束を受け取る李登輝(186ページ)。

20・2015年、岸信夫衆議院議員(ソファ手前)一行の表敬訪問を自宅で受ける。この日はわざわざソファの配置を変え、立ちっぱなしで話し続けた。

22・ゴルフには大いに凝った。取材の要望に応じてパターを披露(136ページ)。

21・2017年4月、長年の日本の友人である江口克彦元参議院議員と晩餐会前の控室で談笑。江口氏は李登輝が副総統の時代から交流があった。

24・2018年10月、ご夫妻で来客に対応したときのもの。

23・桃園市の自宅地下にある図書室にて。来客があると、ここを案内するのが常だった(101ページ)。

李登輝は最期の瞬間まで「総統」として国家と国民のことを考え続けた人生だった。

公に尽くすこと、それを実践躬行することに人生の意義があると教えてくれた総統に捧げる。

目次

序章

私が台湾総統の秘書になるまで

私の運命を変えた「おばあちゃん」

私が初めて台湾を訪れたのは二〇〇二年九月、大学の卒業旅行として、親友と誘い合わせて行ったのが始まりだった。当初から台湾に関心があったわけではない。むしろ台湾に関する知識は皆無だった。行き先を台湾に決めたのも、以前お土産でもらったジャスミン茶が美味しかったから、程度の理由だ。

前半はガイドブックに載っているような観光地巡りで、夜市を楽しむなどして過ごしたが、九日間ある日程の半分ほどで著名な観光地をまわり尽くしてしまった。「時間はあるけど金はない」という学生旅行ゆえ、行ける場所は自ずと限られてくる。「入場無料」に惹かれて訪れたのが、台湾の「ホワイトハウス」にあたる総統府だった。

総統府にはボランティアの日本語ガイドがいた。私たちの担当になってくれたのは黄林《こうりん》玉鳳《ぎょくほう》さんという、おばあちゃんだった(写真02)。二〇〇二年当時、台湾社会にはまだまだ「日本語族」の人たちがたくさん現役で活躍されていた。日本語族とは、日本統治時代に教育を受け、流暢な日本語を操る台湾の年配者たちのことである。そんな日本語族が総統府のガイドとして多数在籍しており、玉鳳さんもその一人だった。総統府の一階に展示されたパネルを見ながら、台湾のこれまでの歴史を解説してくれた。

「日本時代には、八田與一《はったよいち》さんがダムを作って台湾の農業に大きな貢献をしてくれました」「日本時代がなかったら、台湾は今のような現代化された社会にはなっていません」

八田與一とは、日本統治時代、台湾南部の嘉南《かなん》平原にダムを建設した技師のこと。ダムは一九二〇年から一〇年の歳月をかけて完成し、当時は東洋一の規模だった。それまで灌漑施設がないため荒野だった嘉南平原は、この烏山頭《うさんとう》ダムと灌漑施設によって一躍、台湾最大の穀倉地帯になったという。八田與一の業績は、台湾では教科書に載っているほどで、地元では神様同然に崇められ、現在も毎年命日に慰霊祭が行われている。

知らぬこと、知らぬ人物が次々と登場し、軽妙洒脱な語り口もあって知らず知らずのうちに聞き入っていた。そもそもこちらは、台湾が昔、日本の統治を受けていたことくらいの知識しか持ち合わせていない。そんな私たちにとって玉鳳さんの説明は新鮮だった。

日本から来た若者が熱心に耳を傾ける姿が嬉しかったのだろうか。玉鳳さんにはその夜、食事まで御馳走していただいた。会話も弾み、食事が終わりにさしかかる頃、「もうガイドブックに載っているところは行き尽くしました。どこか面白いところありませんか」と尋ねた。

すると彼女は、「じゃあ、食事が終わったら面白いところに連れて行ってあげましょう」とにっこりして言うではないか。タクシーに乗せられて連れて行かれたのは広い公園のような場所。グングン進んでいく玉鳳さんについていくと、ライブ会場のような明るい光が見えてきた。

そこは、選挙応援のためたくさんの人たちが集まっている会場だった。後日分かったことだが、このときに連れて行かれたのは、二〇〇二年末に投開票される台北《たいほく》市長選挙の民進党の選挙演説会場だった。度肝を抜かれたが、不思議なことに私はあっという間にその場の熱気に引き込まれてしまった。

言葉はまったく分からない。台湾に対する知識もほぼゼロだったが、ガイドブックの巻末に申し訳程度に付け加えられた台湾の歴史のページを読んでいたのが幸いした。日本の統治を離れた台湾が、戦後中国大陸から敗走してきた中国国民党により苦難の道を歩み、一九九〇年前後からやっと民主化が始まったことくらいは知っていたからだ。

若い、ということもあっただろうし、現地にいる、という興奮も手伝ったのだろうが、私はまさに台湾の民主化や、台湾の独立や建国を熱心に説く(ということを話しているんだろうと思われる)彼ら、そしてそれを献身的に支持する大衆の人たちに「感動」してしまったのである。

じゃあ、「あなた」がやってください

日本に帰国後も、私の「台湾熱」はおさまらなかった。台湾関連本を読み漁ると、日本統治時代の歴史、台湾の戦後史がおぼろげながら分かってきた。むしろますます台湾への関心が強まっていく。その直後、日本でひとつの組織が立ち上がった。台湾の民主化を推し進めた李登輝総統の支持団体「日本李登輝友の会」だ。その団体が二〇〇二年の一二月に設立大会を開いた。

ネット上で「日本李登輝友の会」が設立されるというニュースとともに、「当日の会場運営を手伝ってくれる学生ボランティア募集」という文字も飛び込んできた。もちろん喜び勇んでボランティアに応募した。大会が終わるとき事務局の方に、「学生部か、青年部を作りましょうよ」と提案したところ、「いいですねぇ。じゃあ、言い出しっぺの〝あなた〟がやってください」という展開になった。「李登輝」という名前をようやく覚えたくらいの私が、なんと青年部の部長におさまってしまったのである。

二〇〇三年の春には、東京にある金美齢《きんびれい》事務所に就職した。そもそも金美齢先生と縁ができたのは、玉鳳さんに選挙集会に連れて行ってもらった帰路に、偶然出会ったのが始まりだ。それから付き合いが始まり、翌春に就職したのだった。

二〇〇七年にはそれまでの仕事を辞して台湾へ留学。語学学校を経て台湾大学に通う留学生生活をスタートさせた。同時に、「日本李登輝友の会」のスタッフも続けていくことになった。それも、台北における通信員として。ある程度、中国語で用が足せるようになってくると、中国語ができるスタッフが不在の会では自然と重宝される存在になっていった。

それと前後して、同年五月に李登輝が念願の「おくのほそ道」をたどる旅のため訪日することが決まり、私は撮影スタッフとして同行した。翌二〇〇八年九月、私の台湾大学での生活が始まった直後、今度は李登輝が沖縄を訪問。またも撮影班として同行し、前年同様、一般のメディアには報じられないような細かい動向を逐一ネット上で報じた。

さらに二〇〇九年には、青年会議所の招聘により李登輝が東京で講演し、高知県、熊本県を訪問することになった。すでに知己となっていた李登輝事務所の日本人秘書(私の前任者ということになる)から、今度は正式に「事務所のスタッフとして同行してほしい」と依頼された。これまで二度の同行は、いわば支持団体のボランティアスタッフという立場だったが、今回は正式な訪日団のスタッフとなったのである。

総統の日本人秘書は、訪日中は少なくとも総統のスケジュール管理から日本側との対応など、あらゆることで忙殺されるため、同行するメディアの面倒までみることができない。そこで、メディアの面倒を見る役目を私に任せたいということだった。

これが縁となったのだろう。以後、なにかと用があるたびに李登輝事務所へ顔を出すようになり、さらに講演を聴く機会も増え、ついに総統に顔を覚えられるようになった。総統の地方視察にも撮影スタッフとして同行させてもらうなど、私の活動範囲は次第に広がっていった。

鴨がネギを背負ってやってきた

卒業まであと半年となる二〇一二年のある日。総統の講演会場で顔を合わせた秘書長（李登輝事務所の責任者）から、廊下の隅に呼ばれた。「卒業したらどうするんだ。台湾に残って仕事をしたい？　アテはあるのか？」

矢継ぎ早に質問され、李総統の仕事を手伝ってみないかと誘われた。「それはもちろん願ってもないことだ」と答えたところ、数日後に秘書長から電話がかかってきて「いますぐ、事務所に来なさい」と言う。

事務所に到着すると大きな部屋に連れて行かれた。そこは李総統の執務室だった。部屋に入るなり李総統から「早川さん、これから頼みますよ」と声をかけられ、大きな手で握手を求められた。緊張とともに、突然のことで、はっきりとした記憶がない。どこか狐につままれた気分で部屋を出た。

その後、詳しい話を聞いて腑に落ちた。日本人秘書は以前から心臓が悪く、そろそろ後任に譲って日本へ帰りたいと思っていたという。そこに鴨がネギを背負ってきたように、私が「もうすぐ卒業です。台湾に残って仕事をしたいのですが、まだ仕事が見つかっていません。李総統のお手伝いをできるなら本望です」と答えたわけだ。

残り半年の学生生活を終えてから勤務すると思っていたのだが、「採用が決まったのだから、来週からでも来い」と言う。大学の授業があるときは授業に出てよい、という待遇だった。前任の秘書の方はすぐにでも仕事を引き継ぎたかったようで、慌ただしくも、私の李登輝総統の秘書としての生活がスタートしたのである。

以来、秘書として仕えたのは計八年である。この間、二〇〇九年で途切れていた李総統の訪日も、二〇一四年以降、四回実施することができた。特に二〇一五年には国会議員会館での講演も実現した。日本では安倍政権が長期政権となり、台湾に対して非常に友好的な姿勢を維持してきたこともあって、結果的に良好な日台関係につながったことは間違いない。

「本物の李登輝の言葉」を届けたい

李総統の話す言葉は、哲学をベースに広範囲にわたる教養、そしてキリスト教徒としての素養を基としていることが多い。信仰については、私はキリスト教徒ではないため、聖書を参考にするくらいしかできないが、教養については西田幾多郎《にしだきたろう》の『善の研究』、トマス・カーライルの『衣服哲学』、倉田百三《くらたひゃくぞう》と、岩波文庫を読み漁り、総統の考えに追いつけるべくもないが、その一端を垣間見ようとする努力を続けている。

李登輝総統に関する書籍については、その生い立ちに焦点を当てたもの、政治的な足跡を辿ったものなど多岐にわたる。しかしながら、李総統の発する言葉が正確かつ明確に理解され、記されているものは決して多いとは言えない。また、そうした書籍のなかには登場しないものの、そばにいる私が内心うなるような言葉を吐かれることもある。幸運にして李総統のそばに仕えた人間として、その発言の数々を正確かつ明確に伝えるとともに、世に知られていない言葉を独り占めするのではなく、多くの人々にぜひ知っていただきたいというのも本書を執筆する契機となった。

また、李登輝の言葉の真意が誤解されて伝わっていることもある。「本物の李登輝の言葉」を皆さんと分け合うことが、私のもうひとつの仕事だと思っている。

第一章

側近の私だけが知っている素顔の総統

ありし日の総統と私の毎日

秘書の仕事、といっても一言で説明するのは難しい。メールや手紙の返事、スケジュール管理から来客の応対、原稿の草稿づくりから御礼状書き、外交官とのお付き合いまで。訪日すれば身のまわりのお世話をすることもある。それこそ「李登輝の対日窓口」としての役割を求められていた。

ちなみに私を含めた事務所の側近はもちろん、一般の台湾の人たちまで、李総統に対しては「総統」と呼びかけていた。総統夫人でさえ、私とおしゃべりしているときには「総統はこの間ね……」などと使う。

一九八八年から二〇〇〇年までの一二年間、総統の座にあって、台湾の民主化を成し遂げた「台湾民主化の父」だ。退任して二〇年が経過していても、台湾の人たちは「李登輝がいなければ、現在の自由で民主的な台湾は存在しなかった」と高く評価し続けている。だからこそ、一般の人たちも李総統に対して「総統」と呼ぶことが最もふさわしいと感じているのだろう。

日本から表敬訪問に来たお客様に「なんとお呼びすればいいんでしょう。李先生でいいでしょうか、それとも閣下ですか」などと尋ねられることもしばしばだ。私はいつも「李登輝総統は、どうやって呼ばれるかなどまったく気にされることのない方ですから、どんな呼び方でも結構です。ただ、私たちはいつも『総統』とお呼びしています」と答えると一様に安心した表情をする。

実を言うと、事務所のスタッフやＳＰの間では総統のことを、親しみをこめて「ラオパン（老闆）」と呼んでいる。「ラオパン」とは、中国語で社長や店長、親分や大将などを指す幅広い言葉だ。日本でもよく秘書が、自分の仕える政治家のことを「オヤジ」と呼んだりするが、この「ラオパン」もそのニュアンスに相当する。本書の一部でも、尊敬と親しみを込めて李登輝総統のことを「総統」と呼ぶことにする。

総統は日本からの来客が帰ると、よく私に「今日のお話はあんなのでよかったかな」と聞く。常に「李登輝はいま日本人に何を伝えるべきか」を考えているのだ。これは決して人気取りとか、耳あたりの良いことを言うためではない。台湾にとって日本がなくてはならない存在だからこそ、「日本よ、しっかりしろ」という一念だけで、総統は「日本人に伝えておかなければならないことは何か」を考えている。

事実、奥様（私はいつも総統夫人をこう呼ぶ）は事あるごとに私に向かって「早川さん、主人はね、台湾の総統までやったくせに、いつだって日本のことを心配しているのよ」と苦笑混じりに話すのである。日本からの来客が、李総統に何を話してもらいたいか、という時機的なセンスも考えたうえで日本人秘書を必要としていることの証左である。

もうひとつ、面白いエピソードがある。

淡水の事務所でデスクワークをしていると、同僚のひとりが含み笑いしながらある原稿を見せてくれた。彼は数日前、総統が地方で講演したときに使った原稿を回収して整理していた。そこにはカタカナで「キム　キイ」と書かれている。総統の筆跡だ。なにがなにやら分からず同僚に尋ねると、その原稿は台湾語で講演するために書かれたものだったが、下書きを書いたのは彼だった。

台湾華語とも呼ばれる中国語と、台湾語はまったく異なる言語だ。戦後、国民党が台湾に中国語を持ち込み、独裁体制下では中国語以外の言語の使用を禁止したため、今や中国語が公用語同然になっている歴史的背景がある。台湾語は台湾南部で比較的多く使われており、そのため、台南出身の同僚が台湾語で書き起こしたのだ。

ところが出来上がった草稿に総統が目を通していると、総統には発音できない単語があった。「禁忌」という単語を、総統は台湾語でどう発音するか分からなかったのだ。そこで「台湾語ネイティブ」の同僚が発音を教えたところ、総統はカタカナで「キム　キイ」と書き込んだのである。

私は頭が混乱して同僚に言ったのを覚えている。「総統は日常生活でも講演でも台湾語を自分の言葉として使っているではないか」と。ただ、同僚に言わせると「総統の台湾語は決してネイティブレベルの上手さではない」のだそうだ。確かに総統自身、少年時代を振り返って「家の中では日本語ばかりだったから、台湾人なのに台湾語が覚束なくなるといって、近所の廟に習いに行かされた」と話す。そう考えると、台湾語さえも後天的に身に着けた言葉であり、やはり日本語こそが総統にとっての母語なのだ。読めなかった台湾語の発音を書いておくには、表音文字のカタカナがいちばん便利だったのだろう。

総統は、学者から政治家への道を歩んだが、学者は研究をして論文を書くのが仕事だし、政治家としては国民に訴えることが仕事だ。どちらも「言葉」が重要な意味を持つ。

私が講演原稿の下書きを書いたときも、総統が口述した内容を文字にしたときも、草稿を見ながら総統と私の二人で顔を突き合わせて単語のニュアンスひとつ、語感の響きひとつまでこだわって原稿を作ることもたびたびあった。こうした役割は日本語を母語とする者同士でなければできない。この仕事もまた、日本人秘書を必要とする理由のひとつなのだろうと思っている。

朝は貴重な情報収集の時間

名刺交換などをすると、よく「いつもどんな仕事をしているのですか」と聞かれることがある。実際、細々とした事務処理をすることも多く、答えとしては「秘書業務です」としか言いようがないのであるが、それではあまりに抽象的だ。そこで、李総統の日本担当秘書がどんな仕事をしているのか、二〇一八年五月のある一日を例としてご紹介したい。

私は毎朝、基本的には台北市北部、淡水《たんすい》の李登輝事務所に出勤するのだが、直行することは少ない。政治家の秘書と聞くと、朝が早いイメージがあるだろう。たとえ退任した総統であろうと変わらないと思うのだが、実際、朝はそれほど早くはない。これは李総統の生活スタイルとも関連している。総統夫妻は宵っ張りなのだ。夜は読書やテレビを見ることで過ごし、就寝は午前一時、二時というのはザラ。しぜん、起きるのはゆっくりとなる。

ところで李登輝事務所が淡水にあると聞くと、ちょっと台湾のことを知っている人は不思議そうな顔をする。淡水は台北市中心部からＭＲＴ（台北捷運）と呼ばれる新交通システムで四〇分ほどかかる郊外にある。日本統治時代は、淡水に落ちる夕日が「台湾八景」に選ばれるほどの風光明媚な街で、マンションはあってもオフィスがあるようなイメージとはかけ離れているからだろう。

なぜここに李登輝事務所があるかと言うと、総統が生まれたのが淡水よりさらに北へ進んだ三芝《さんし》という街だったこと、旧制台北高等学校へ進学する以前は、淡水中学で寮生活を送るなど、なにかと縁がある場所だったことに加え、総統を退任して事務所を構える場所を探しているときに、ちょうど現在のオフィスビルが竣工することになったからだ。

事務所はビル最上階の三〇階にあり、淡水河が太平洋へと注ぐ河口に沈む夕日が私の机からも眺められる。その風景は確かに絶景だ。とはいえ、台北市内から離れた場所にあるというのはネックでもある。ちょっと外出して、また事務所へ戻ってくる、というような立地ではないからだ(写真07)。

だからこそ、この朝の時間は、私にとって多方面の関係者とのコミュニケーション作りの時間に充てることが多い。人間関係を維持していくには一緒に飲みに行くのがベストだが、そうそう毎晩飲み歩いてもいられないので、この「朝まわり」は情報交換と人間関係のパイプの維持に有益なのだ。李登輝が知りたいこと、李登輝が発する言葉を理解するための情報収集とも言えよう。

例えば、特に用向きがなくとも、日本の新聞社の台北支局や、国交がない台湾において大使館の役割を果たす日本台湾交流協会台北事務所に出向く。コーヒーの一杯もごちそうになりながら、世間話に興ずる。あまり無駄話をすると、朝の忙しい時間に相手にも迷惑なので、短時間で切り上げるが、それによって時には情報を得ることもあるし、顔つなぎにもなる。台湾外交部や航空会社を訪問することも多い。

午前一〇時には事務所に出勤する。まず行うのはメール、手紙、ＦＡＸの処理である。ＦＡＸは時代の流れか最近めっきり減ったが、親しくなればフェイスブックやＬＩＮＥでつながり、それを通じて仕事上の連絡をしてくる人もいる。どの手段にせよ、毎日少なくない数の連絡が来るが、内容はさまざまである。

午前中にこなす仕事

さて、この日のメールボックスの中身は、この年六月の沖縄訪問についての事務連絡、インタビューや原稿の依頼、表敬訪問の日時調整、御礼のメール、原稿料の振込先口座の確認、出版予定の書籍の章立てに関する打ち合わせ、などだ。御礼状や献本は毎日のように届く。これらを、まずは総統に報告するもの、しなくともよいもの、つまり私が判断して処理することで足りるものに分けるのも私の仕事だ。

ちなみに総統に報告するものについては、記録を残すためにもすべて「公文」でのやり取りとなる。まずそれぞれについて簡潔に公文を起こし報告する。例えば、「日本の○○新聞から、何月何日に最近の日台関係についてインタビューしたい、という依頼がありますがいかがいたしますか」といった具合だ。それに対し、総統が「可」とサインすれば裁可が下りたことになり、総統の判断を仰いだ、という手続きを踏んだことになる。

私自身で処理できるものは返信し、御礼状や贈呈された書籍への返事を書き終わる頃には、総統の自宅から前日に報告した公文が戻ってくる。私が報告した内容について、総統がそれぞれ判断するわけだが、その内容についても相手方に連絡しなければならない。「総統は喜んでインタビューをお受けいたします。ついては、○月○日、何時から総統ご自宅にてお願いいいたします。詳細は追ってご連絡いたします」といった具合である。

こんなやり取りをしている間に、もはやお昼の時間である。

万全の準備と心尽くし

この日は、午後三時から、日本からの総統への表敬訪問があったため、ランチもそこそこに総統の自宅へ向かう。前もって必ず用意するのは、当日の名簿と簡単な挨拶原稿だ。総統は来客前、必ず名簿をじっくりと見て、名前と肩書を頭に叩き込む。

その際には「二〇〇四年末の訪日の際にお世話になった。前回お会いしたのは二年前。現在は社長をリタイアされ相談役」などといった情報を付け加える。こうすることで、来客の周辺情報がインプットされ、メモを見ずとも「こないだお会いしたのは二年前じゃなかったかな」と総統の口からスラスラと出てくるようになる。それによって場が和んで話が弾むことにもつながるのだ。

それ以外にも、事前に来客の秘書とやり取りをするなかでヒアリングした「宿泊はどこか、台湾滞在は何日間か、その他の大まかな予定は」などといった内容を報告しておくことも多い。というのも、総統は常々「どこに泊まってるんだ？　食事はうまいか」とか「果物は食べたか。今ちょうどマンゴーが出てきたから食べなさい。あとで届けさせるから」などと、自分を訪問してくれたときだけでなく、相手が台湾に滞在するすべての時間に関心を抱き、台湾訪問が良いものになるよう気を配っているのだ（写真04）。

こうした心配りは総統本人だけではない。奥様からも本当に可愛がってもらったし、私の家族にまで気にかけていただいた。

ちなみに、私の子どもの名前は美輝《みき》という。この人たちがいなければ、自分が台湾にいることも、総統に仕えるということもなかっただろうという恩人から一字ずついただいて名付けた。金美齢の美と李登輝の輝である。「美しく輝く」という意味もあって、家内もまったく異論なしの即決だった。

さて、台湾では、子どもを産んだばかりの母親は鶏のスープを毎日のように飲む習慣がある。出産で落ちた体力を回復させるためだ。奥様は、私に子どもが生まれたと知るや、その翌日から毎日のように、市内の名店レストランの鶏スープを取り寄せ届けてくれた。旧正月に家族を連れ、年始の挨拶に行くと、紅包と呼ばれる台湾のお年玉袋を用意して待っていてくれた。奥様は笑いながら「うちは、子どもが産まれたばかりのとき主人がおむつを全部手で洗ってくれたのよ」と話してくれたこともある（写真14）。

二〇一八年には総統夫妻にとって待望のひ孫が産まれ、ママになった孫娘がベビーを連れてよく帰って来ていた。李登輝はベビーベッドに寝かされたひ孫の手を握りながらずっと話しかけ、奥様がうちわで風を送っていた光景が昨日のことのように思い出される。

総統が「人たらし」と言われるゆえん

表敬訪問は一時間半ほどで終わった。今日のお客様も大変喜んでお帰りになった。この表敬訪問が、ときにはかたちを変えて晩餐会にご招待いただくことになる場合もある。

午後五時近くには、ちょうど奥様も外出から戻られた。ひ孫に会いに行ってきたのだ。「やっぱりベビーがいると張り合いが出るわ」とひいおばあちゃんは喜びを隠せない。

さっきまで「中国の『一帯一路』に日本と台湾はいかに対抗するべきか」などと獅子吼していた総統も、ひ孫の写真を出してきて「どうだ。かわいいだろう」などとやっている。日本と台湾の将来を心から憂い「日台関係をどう前進させるべきか」を語る一方で、ひ孫自慢を臆面もなく見せる。何かの評伝で李総統を「稀代の『人たらし』」と評しているのを読んだことがある。「元台湾総統」というオンと「ひいおじいちゃん」というオフの落差にとてつもなく人間味を感じるのは、日頃そばにいる私だけではないということだ。

この日はそのあと、日本のメディア関係者と会食することになっていた。もともとは二人での食事だったのだが、ちょうど日本から来ている大学教授も連れて来るという。であるなら、私の台湾大学での恩師も同じく国際法が専門なので声をかけ、二次会で合流することになった。いつの間にか二人の約束が、二次会では一〇人近くに増えていた。日本よりゆるやかな空気の流れる台湾ならではの光景だが、台湾で過ごして十数年、こうして人の輪が少しずつ広がっていく。

日本メディアとの付き合い方

総統に仕える対日窓口を担当する秘書という立場から、もっと総統と日本メディアの距離を縮めたいと考えて、私が始めたことがあった。日本の新聞社の台北支局長が交代する際に、挨拶に来てもらうようにしたのだ。それまでは、総統とよほど近い関係を築いた支局長でないかぎり、そうした機会を設けたことはなかったようだが、私が秘書になってからは、支局長の帰任時に「総統にご挨拶しませんか？」と聞くようにしていた。

支局長のほうは、失礼ながらまさかイチ新聞記者が総統に直接離任の挨拶を出来るなんて思っていないからビックリする。ときには後任の方と二人揃ってきてもらったりして、それだけで日本メディアと総統の距離を近づけることが出来た。

この頃は、総統を退任してから一〇年以上が経ち、国民党の馬英九《ばえいきゅう》政権だった。日台関係はそこそこ良好なものの、もう少し何か出来ないか、日台間が持っている財産を使ってもっと関係を進められるのではないか、と私自身が考えたうえでのやり方だった。

これによって日本メディアはそれまで「実現可能性は低い」と思って口に出さなかった総統へのインタビューを、「気軽に」申し出てくれるようになった。ただ誤解のないように言うと、決して総統の立場を軽んじるという意味での「気軽に」ではなく、日本メディアに対して「李登輝のインタビューが出来るかも」と思ってもらうことが大切なのだ。

日々、総統と話しているなかで「日本に対し政策について言いたいことが溜まっているな」とか、私自身が「この李登輝の主張はぜひ日本側に伝えたい」と思うような発言が出てくると、こちらから「インタビューをやりませんか」と持ちかけることもあった。反対に、「元総統」のインタビュー掲載が立て込むと価値が下がるので「A新聞が今度やるので、少し間をおいてもらえませんか。そのかわり必ずやりますから」と交換条件を出すこともあった。コンスタントに日本の紙面に総統が登場し、発言が報じられることで「李登輝健在」をアピール出来るし、日本の読者の目を台湾に向けさせる事もできるからだ。そういう意味でも、総統はやはり「千両役者」であった。

今となっては残念なエピソードもある。ある台北支局長が帰任挨拶に来たのだが、やはり挨拶とはいっても新聞記者だから色々と総統に聞きたいことがある。総統も興に乗って当時の馬英九政権についての評価などについて話していた。

そこで話題が、一九九八年の台北市長選挙に移った。当時、国民党の現職総統だった李登輝が、若き馬英九候補とともにステージに登壇し「彼も新台湾人だ」とアピールした光景は今も語り草になっている。馬英九は外省人の二世で、国民党内では若手のホープだったものの、民主化が進んでいたこの時代には本省人からの受けが悪かったからだ。台湾には戦後、中国大陸から国民党とともに台湾に渡ってきた外省人と、戦前から台湾に住む本省人の間には深い溝があり、社会の分裂を招いていた。

対する民進党の市長候補は現職の陳水扁《ちんすいへん》だったため、国民党には分が悪い。そこで、党としても馬英九本人としても、本省人の有権者たちへアピールをしなければならないということで馬英九は台湾語を覚え、下手くそながらも演説をした。そして応援演説をした総統が「台湾にいつ来たかは関係ない。台湾の米を食べ、台湾の水を飲み、台湾を自分の故郷として愛し、自分が台湾人だと思うのならば誰もが『新台湾人』だ」とぶち上げた。台湾社会の融合が進まなければ民主主義のネックになると考えた総統の発案だった。

結果、馬英九は陳水扁を破り台北市長の座を射止めるのである。

この一九九八年の市長選挙の話に及ぶと、総統はこんなことを言い始めた。「実をいうと、私は馬英九には反対だったんだ。もっと別の人間がいいと思っていた。ただ、あのときは中常会（幹部会議）で馬英九に決まってしまったから」。

そのときちょうど、別の秘書が来て私を呼んだ。私はその続きを聞きたかったのだが、呼ばれてしまったのでは仕方ないのでほんの数分ほど中座して席に戻った。そのときにはすでに別の話題に移っていた。

その記者とは当日の夜、食事をする約束があったので、会うなり私は聞いた。「馬英九じゃなくて誰が意中の人だったたって言ってましたか？」と。ところが、豈図《あにはか》らんやその記者は「あ、それは聞かなかった」と言うではないか。総統が言葉を濁したというのでもなく、ただ聞かなかっただけだというのだ。私は内心ガックリしてしまった。

後日、私から直接総統に「馬英九じゃなくて誰が良かったんですか」と聞こうとも思ったのだが、唐突にそんなことを聞いてもおかしいのでそのうちそのうちと思って忘れてしまっていた。今となっては聞くことは出来ないが、あのとき「意中の候補」を聞いておけば良かったなと残念な気持ちで振り返ることがある。

私は日本人として祖国のために戦った

李登輝の日本向けの発言が台湾で物議を醸したこともたびたびあった。大きな騒ぎになった例をひとつ挙げよう。二〇一五年のことだ。オピニオン誌の月刊『Ｖｏｉｃｅ』九月号に掲載された李登輝のインタビュー記事「日台新連携の幕開け」の内容をめぐり、国民党寄りの新聞「聯合報」や、当時総統だった馬英九をはじめ国民党幹部がこぞって李登輝を非難した。このインタビューで李登輝は次のように述べていた。

「七〇年前まで日本と台湾は『同じ国』だったのである。『同じ国』だったのだから、台湾が日本と戦ったという事実もない。私は陸軍に志願し、兄・李登欽は海軍に志願した。当時われわれ兄弟は、紛れもなく『日本人』として、祖国のために戦ったのである」

馬英九は李登輝に対し「台湾を売り国民を辱めた。中華民国の総統を一二年も務めた李氏から日本に媚びるような意見が出たことに大変驚き心を痛めている、遺憾だ」と厳しく批判し、発言の撤回と謝罪を求めた。日に日に騒ぎが大きくなるなか、李登輝は晩餐会出席のため、公の場に姿を現した。報道が過熱し、入口には多数のテレビカメラが待ち構え一時騒然となったが李登輝の発言にブレはなかった。

「台湾が日本と戦った抗日などという事実はない。国民党は中国大陸で日本と戦ったかもしれないが、それを台湾に持ってきてどうするのだ。当時、台湾は日本の統治下だった」と改めて明言するだけでなく「選挙に苦戦しているからといって、李登輝を批判する材料を見つけてきただけにすぎない。私は正直に事実を言っているだけ。事実を言って謝罪しなければならないのなら、ホラ吹きはどうなるのか」と反撃したのだ。

当時はまだ総統当選前だった蔡英文《さいえいぶん》民進党主席は、晩餐会のスピーチで「あらゆる土地の、すべての人々それぞれが個人の歴史を有している。それぞれの経験してきた歴史をお互いに理解することによって、社会の団結は深まる。台湾は今後も対立を続けていくべきではない。指導者は対立ではなく和解を進めていかなくてはならない」と李登輝を擁護するとともに、李登輝の主張を「包容」することを呼びかけた。

総統の愛するテレビ番組

「皆さん、日本と台湾のために奮闘しましょう！」

振り絞るような声でステージから語りかけた総統の姿に、感極まったのか泣いている聴衆も見えた。

二〇一八年七月六日、李登輝は台北市内のホテルで、二〇〇人を超える日本人を前に講演した。この頃の総統は、六月の沖縄訪問を無事に終えたとはいえ、体力は落ちてきていた。公の場で講演する機会も減っている。それでも台北市日本工商会（商工会議所）からの講演依頼を「日本人に伝えなければいけないことがあるんだ」と快諾した。

原稿の内容は沖縄で行ったものを基礎に練り直した。もともとは司馬遼太郎さんとの交流をテーマにした原稿を用意していたのだが、直前になり「せっかく台湾にいるたくさんの日本人を前に話すのだから、言っておかなきゃならないんだ」と差し替えた。沖縄での講演は中国の覇権主義を強く批判する箇所もあり、新聞が「李氏がここまで踏み込んで中国の覇権的な動きを日本での講演で指摘したのは異例」と書くほどだった。

ただ、それは総統の日本に対する限りない期待の表れとも言える。実際、原稿のなかで「中国の覇権的な膨張を押さえ込みつつ、平和的な発展を促すため、最も重要かつ必要なものは日台の関係をよりいっそう強化することにほかならない」と断言するように、台湾にはどうしても日本が必要だし、日本にも台湾が必要だ、という信念があるのだ。

台北での講演の話に戻ろう。決して体調が万全ではないなか、「日本はアメリカに頼るな。憲法を改正して、アメリカに頼るのではなく、対等な協力関係を結ぶんだ」と力強く訴える李登輝の姿は鬼気迫るものさえあった。その気持ちが通じたのかもしれない。講演が終わると万雷の拍手に包まれた。

そのまま退場する予定だったが、やおらマイクを握り、先に掲げた言葉を投げかけたのだ。隣で腕を支えていた私も内心「やっぱり千両役者だ」と舌を巻いた。

台北市内での講演の翌々日、日本からの表敬訪問があった。総統が「私はね、毎日テレビで『暴れん坊将軍』を見ているんだ」と話すと、一同は笑いながらもビックリする。日本人なら誰もが耳にしたことのある時代劇ドラマだが、まさか台湾の元総統が毎日ほぼ欠かさず夫婦で見ているなどとは思いもよらないだろう。余談だが、「暴れん坊将軍」は台湾のケーブルテレビが中国語の字幕付きで、一日に三回放送している。

なぜ「暴れん坊将軍」を引き合いに出すかと言えば、これが「李登輝の考えるリーダー像」に合致しているからだ。将軍徳川吉宗が旗本の三男坊に姿を変えて町へ出て悪者を懲らしめたり、汚職を暴いたりするというストーリーがフィクションであることはもちろん承知のうえだが、総統が好きなのは、この吉宗の「心がけ」だという。

つまり、将軍という指導者の立場にありながら、庶民の生活のなかへ飛び込み、庶民の暮らしがどうなっているか、困っていることはないかと、実に細やかに社会を観察している。それこそが指導者のあるべき姿だ、と話す。

総統はもともと農業経済の分野で台湾を代表する学者だっただけに、若い頃から現場を見ることをモットーとしている。あるいは、小さい頃に感じたという社会の不公平と、江戸の封建時代を重ねているのかもしれない。

不条理を許さない心が原点

李登輝は一九二三年に生まれた。元号で言うと大正一二年。前述したように、台北郊外にある淡水からさらに北へ進んだ三芝という街で生まれ育った。現在も残る生家の「源興《げんこう》居《きょ》」は地元の人たちによって整備され、観光スポットにもなっている。

総統から見て曽祖父の代に、中国大陸から台湾へと移り住んだ客家《はっか》(漢民族のひとつ)の家系らしい、とは総統の口から聞いた。生家の「源興居」とは、もともと王源興という人の邸宅だったことからその名がついたそうだ。

ちなみに、三芝は台北から離れた農村ではあったものの「三芝の三偉人」を輩出したことで知られている。ひとりはもちろん李登輝。残るふたりは、やはり日本統治時代に生まれ京都帝国大学で学んで台湾初の医学博士となった杜聡明《とそうめい》と、作曲家として国際的にもその名を知られた江文也《こうぶんや》だ。

李登輝の生家は裕福な地主だった。祖父は地元の名士として活躍し、父親は日本統治時代には警察に勤務していたが、のちに地元選出の議員に転じた。家では雑貨なども商っており、何不自由ない幼少時代を送っていたという。

そんな李登輝少年の目に映る忘れられない光景があった。毎年末になると、小作人が鶏や米を抱えて「来年も畑を耕させてください」と頼みに来る。総統は子ども心に、「なぜ同じ人間なのに不公平なのだろう」と世の中の不条理を感じ取っていた。

こうした経験がのちに、農業経済学を研究して農民の生活を向上させたいと思うきっかけになったし、総統になっても国民の生活を第一に考えることの原点になった。

指導者というものは常に庶民のことを気にかけ、今の社会がどうなっているかを知らなければ国を引っ張って行けはしない、というのが李登輝の考えだ。その点では将軍吉宗の行いは、総統が考える指導者としての理想像になるのだ。

時代劇は勧善懲悪がはっきりした物語だが、正義感の人一倍強い総統の好みにも合っているのだろう。想像だが、もしかしたら、幕府の重臣の汚職を暴き「成敗」していく吉宗の姿を、総統として国民党の特権政治を是正していった自分に重ねているのかもしれない。

台湾にも「反日教育」が行われた時代があった

先日、タクシーに乗ると、運転手にいきなり「あんた、日本人か。李登輝知ってるか」と聞かれた。「もちろん知っていますよ」と答えたが、運転手は続けてこう言った。「李さんがいなかったらね、日本と台湾の関係、こんなに近くなってないよ」。

台湾は親日国としてテレビやネットでも取り上げられるようになったが、大きなきっかけは二〇一一年の東日本大震災だろう。赤十字を通じた額だけで二〇〇億円を超える義援金が台湾から寄せられ、日本人は驚いたに違いない。

とはいえ、戦後台湾が日本の統治を離れてからずっと親日国だったかというと、そうではない。戦後、台湾を占領した国民党は、中国大陸で日本と戦った過去があったし、「日本統治の残滓を払拭する」として徹底的な反日教育を行った。戦後長らく、日本の映画上映や日本語書籍の輸入販売が禁止されたのはそのためである。

国民党の独裁体制に対する反動か、台湾の人々は日本時代を懐かしみ、評価するようになった。もちろん、日本時代に台湾に尽くした人々の存在なども大きいだろう。そうした下地が、その後の台湾の人々の親日感を築くひとつの要因にもなっている。

しかし、そうした台湾人の親日感をまとめ上げ、日本に対する広報官の役割を果たしたのは総統だった。司馬遼太郎の『街道をゆく40台湾紀行』(朝日文庫)で何度もインタビューを受け、台湾に住む「旧日本人」たる人々を紹介して大きな台湾ブームを巻き起こした。また、新渡戸稲造《にとべいなぞう》の『武士道』を高く評価し、自らも『「武士道」解題—ノーブレス・オブリージュとは』(小学館文庫)を出版している。これは台湾の総統の立場にありながら、日本語で自由自在にものごとを考え、話すことができるからこそできた役割だろう。

台湾があれば、そこに希望が生まれる

指導者が常に頭に置いておかなければならないのは「国家」と「国民」だという。そし

て総統は、自分の国である台湾だけでなく、常に日本のことも気にかけている。

もちろん台湾をないがしろにしてまで日本の肩を持つようなことはありえない。ただ、あまりにも日本に期待するせいか、その心情が理解されず「やたら日本びいきだ」と非難され、ネット上では罵詈雑言も飛び交う。

しかしそれは違う。

というのも、総統は祖国である台湾が「存在」していくためには、日本がどうしても不可欠だということをよく理解しているからだ。台湾社会では、選挙の際などに「独立か、統一か」の論争がマグマのように噴き出し、中国は虎視眈々と台湾の併呑を狙っている。

しかし、総統がいつも言うのは「独立か、統一かという問題よりも、台湾にとって最も重要なのは、台湾が『存在し続けること』にある」ということだ。

台湾は、日本や中国と比べて小国であり、台湾だけでその存在を維持していくにはあまりにも心もとない。しかし、民主主義や自由という同じ価値観を持つ日本の協力を得られれば、台湾はその「存在」を維持することが可能になる。そして総統曰く「台湾が存在していればこそ、そこに希望が生まれる」というわけだ。

実際、日米安保体制においても、「台湾地域」が日米安保条約の対象だと、日本政府の統一見解で明言されている。こうした現実的な面からいっても、李登輝が台湾を第一に考えたうえで、協力関係を築く相手こそ日本であると考えているのであって、決して「日本びいき」だけで日本の肩を持っているわけではないのである。

「皆さん、日本と台湾のために奮闘しましょう！」

この言葉も、決して日本人に向けたリップサービスではない。総統は心の底から、日本と台湾が手を取り合い、アジアに貢献することを願っている。そばにいる私には、その李登輝の気持ちが痛いほど分かる。だからこそ高齢でありながらも、自分にできることはなんでもやるという気持ちでいることは間違いない。

「湯呑茶碗」の教え

総統の座についたとき、李登輝は民主化や自由化を進めていくなかで「三つの改革」を行わなければならないと考えたという。

三つの改革とは「司法改革」「教育改革」「精神改革」を指す。

長年の独裁体制によって司法も毒されており、司法改革では司法の独立を確立することを目指した。教育改革では、それまで中国の歴史や地理ばかりが教えられていた教育現場に、台湾の歴史や地理の教育を盛り込んでいくことを狙ったものである。

そして何より総統が重視したのが精神改革だった。当時、戦後四〇年以上が経過し、国民党による独裁政治のもとで歪められてしまった台湾の人々の精神を立て直し、自信を持たせようとしたのである。

先ほど「李登輝が『私はね、毎日テレビで「暴れん坊将軍」を見ているんだ』と話すと、日本からの来客はびっくりする」と書いたが、もうひとつ来客を驚かせるのが、ある「湯呑」である。「台湾人が学ばなきゃいけない、そして日本人も忘れちゃいけない日本の精神があるんだ」と言いながら、総統はそばにいる私に「ちょっとあれを持って来なさい」と少しイタズラっぽい表情で言う。

私が持っていくのは、日本人ならば誰もが食堂などで見かけたことのあるような、なんの変哲もない湯呑。ただ、その湯呑には「日常の五心」の言葉が書かれていた――。

二〇一六年七月、総統は沖縄県石垣市を訪問した。全国青年市長会による招聘を受けたかたちだが、これにはちょっとしたエピソードがある。

その前年の二〇一五年七月、総統は東京の国会議員会館で、四〇〇人を超える多数の国会議員を前に演説した。その会場で講演を聞いていたのが、全国青年市長会の会長を務めていた吉田信解《しんげ》・埼玉県本庄市長だった。吉田市長は、台湾に留学経験があるだけでなく、台湾の民主化を成し遂げた総統を、自分が尊敬する人物として挙げていた。そこでぜひとも全国青年市長会の総会に招きたい、という相談が舞い込んできたのだ。

それまで総統は九〇歳を超えているとは思えないほどパワフルで、スケジュールはぎっちり、来客があれば二時間近くも話し続けることはザラだった。実際、国会では、一時間立ちっぱなしで演説している。ところが二〇一五年一一月に軽い脳梗塞を起こし、体調を崩してしまった。吉田市長から訪日要請の相談を受けたときには、回復途上だったものの、日本との窓口を任せられている私からすると、東京行きは身体への負担が心配だと、暗に辞退を匂わせる返事をしながら再考をお願いした。

ただ、後に何度か相談を繰り返したなかで「例えば沖縄あたりだったら可能性はあるかも」と私が口走ったことから、事態は動き出す。

全国青年市長会の会長が交代予定で、次の会長は沖縄県石垣市の中山義隆市長だという。沖縄であれば確かに体力的な負担は少ない。しかも石垣島は沖縄本島よりさらに台湾寄りだし、夏であれば台北から直行便もあり、なんと四〇分程度のフライトで着いてしまう。

そして何よりも新会長のお膝元だ。これだけの好条件が一気に揃うということは、天の配剤のようにも思えた。さっそく、吉田市長と中山市長に、招聘状を持って台北まで来てもらい、ここから石垣島訪問の計画がスタートしたのである。

「日常の五心」との出会い

前置きが長くなったが、石垣島滞在中にこんなことがあった。沖縄は地理的にも台湾と近いため、台湾から移住した「台僑」も多い。そこで沖縄の台僑団体が主催する歓迎会が石垣市内のレストランで開かれたのだが、李登輝夫妻は控室に置かれていた湯呑に目を留めた。そこには「日常の五心」という文字が書かれていた(写真18)。

一、「はい」という素直な心
一、「すみません」という反省の心
一、「おかげさま」という謙虚な心
一、「私がします」という奉仕の心

一、「ありがとう」という感謝の心

しげしげと湯呑に書かれた言葉を夫妻で交互に見ながら、総統は「これだ。私が精神改革でやりたかったことを簡単に言えば、こういうことなんだ」とやや興奮気味に話した。台湾人のオーナーに聞いてみると、この「日常の五心」という言葉が好きで、ずっと店で使ってきたという。それを聞いた総統は、何か考えごとをするように黙り込んでいた。

歓迎晩餐会が始まった。総統の挨拶や来賓からの祝辞、地元石垣島の伝統舞踊など、プログラム通りに進んでいく。

会が後半にさしかかった頃、突然総統が「ちょっと話したいことがある」と立ち上がり、ステージに進み出ていった。まったくの想定外だったが、マイクを握った総統は台湾語で話し始めた。だいたいどんなテーマの話をしているかは分かるが、私は台湾語をきちんと理解することができないので、隣にいたＳＰに話の内容を訳してもらったところ、おおむね次のようなものだった。

「石垣島を中心とする八重山地域は、台湾と地理的にも歴史的にも近く、日本時代だけでなく戦後も多くの台湾人が移民してきたことはよく知っていた。もちろん、移民として言うに言えない苦労を重ねて来られたことも承知していたつもりだ。私は先ほどこのレストランに着いて控室で待っているとき、置かれていた湯呑を見て驚いた。湯呑にはまさに私が唱える『日本精神』とも言うべき『日常の五心』が書かれていたからだ。しかも、オーナーに聞くと、この心構えが好きでこの湯呑を使っているという。私は、石垣に移民された台湾の皆さんが、苦労した生活のなかでも、こうした素晴らしい精神を身につけて成功されていることをひとりの台湾人として誇りに思う」

会場には沖縄本島からも多くの台湾人が駆けつけていた。台湾語の分からない日本人出席者たちは突然の演説に驚いていたが、話し終わった総統に対し、会場からは先ほどの挨拶以上に大きな拍手が送られ、駆け寄って握手する人もいた。

総統は、自分が総統在任中に進めた「精神改革」を端的に言い表す言葉が湯呑に書かれていてびっくりしたのだろう。

また、それを手本に頑張ってきたという台湾人の存在が何よりうれしく、その思いを会場にいた台湾出身の人々に伝えたかったに違いない。それが予定にはない突然の演説につながったのだろう。

日本に、日本の精神は残っているのか

戦後、四〇年以上にわたる独裁政権のもと、台湾の人々の耳や口は塞がれ、息を殺して過ごすような日々を強いられた。

その一方で、汚職や不正がはびこり、子どもたちは中国人としての教育を受けさせられ、台湾の人々の価値観や教育が歪められていってしまった。

それを是正するために進められたのが、李登輝が総統就任後に始めた「精神改革」だ。ただ、総統は「日常の五心」こそ、自分が進めた「精神改革」の手本だと言ったが、それは決して日本を手放しで賛美しているからではない。「素直、反省、謙虚、奉仕、感謝」などを並べたこれらの言葉は、むしろ人類普遍の価値観として学ぶべきものだ、と総統自身が評価しているからにほかならないのではないだろうか。

何の変哲もない湯呑だが、書かれている「日常の五心」について総統が話し始めると、日本からの来客は一様にしんみりした顔になる。実を言うと、同時に私自身も毎回襟を正すような気持ちになる。

というのは、あたかも、台湾人たる総統から、日本にはこんな素晴らしい精神があるん

だと評価される一方で、これらの精神が今の日本ではどれだけ残っているのか、どれだけ実践されているのか、という疑問を突きつけられているように感じるからだ。

私たちがどぎまぎしているなどとは思いもせず、総統は「台湾にはまだまだこの精神が足りない。まだ実践が不十分だ」と話し続ける。しかし、この精神は私たち日本人もまた同時に、実践していかなければならないものだと、総統から学ぶのである。

日本の若者と話したいんだ

総統のもとを訪れたいと希望する日本人は多い。九〇代半ばともなると体力的に無理がきかなくなり、来客数をセーブしたが、日本からの来客は多く、毎週のようにアレンジされているときもあった。

そばにいる私から見ると、はっきり言って総統は年寄りらしくない。アメリカ留学の経験もあるから、ハンバーガーも食べるし、暑い日などは来客が終わると「コーラが飲みたい」などと言ったりもする。常にＮＨＫニュースを見ているし、日本から送られてくる月刊誌にも目を通すから、最近日本で流行っているものもよく知っている。何か思い出せないことがあると「ちょっとそのモバイル（スマートフォンのこと）で調べてくれんか」と言ったり、来客に「私のフェイスブックがあるよ。今度見てごらん」などと言って驚かせたりする。

総統はもともと農業経済学という、数字を扱う学者だったわけで、米国留学時代には統計学の一環でコンピューターにも触れている。年配者だからコンピューターには疎いだろうと思い込むのは早合点だ。時にはタブレットを手にして「（スクロールするには、指を）こうやって下げていけばいいんだな」などと自分で写真を見たりしているのを見ると、新しい技術やモノに対する「忌避感」よりも「好奇心」や「関心」のほうが強いことがよく分かる。そうした強い「好奇心」と、日台関係の利益になることが何かできないかという思いが、日台のＩｏＴ同盟を呼びかけたり、台湾和牛の研究推進の原動力になっている。

そうしたこともあって、総統は特に若い人と話すのが大好きだ。大学生のグループがやって来たりすると時間を忘れて話し続けることも頻繁だ。そこには二つの理由がある。

ひとつは、これから日本という国を背負っていくのは若い人たちだという思いがあることだ。「日本は台湾の生命線」と考える総統にとっては、未来の日本がどの方向に進むかは台湾の将来に直結する。これから日本を引っ張っていく若い世代に伝えたいこと、話しておきたいことが山ほどある、というわけだ。そもそも、総統は「アジアで完全な民主主義が実現しているのは日本と台湾くらい。この両国が手を携えてアジアを牽引していくべき」と従来から主張している。

もうひとつは、今の若者が何を考えているかを直接聞きたい、というものだ。前述したように、年配者らしくない、柔軟な頭を持つ総統であるから、若者の考えや意見を軽視するようなことはしない。むしろ、彼らがどんなことを考えているのか、どんな意見を持っているかを聞くことによって、自分の考え方や意見が、現在の政治とどう乖離しているのかを見極めようとしているのだ。

実際、日本から来る若者の表敬訪問が予定されると、総統は「今の日本の若者が悩んでいることはなんだ。不満に思っていることはなんだ」と聞きながら「何を話すべきかなぁ」と何日にもわたって頭を悩ませている。いかにして日本の若者に自信を与えるか、日本にとって台湾がいかに重要な存在か、なぜ日本こそがアジアのリーダーになるべきか、以上をどうやって分かりやすく理解させるか、毎度考え込んでいるのだ。こうした若者に対する温かい気持ちは、もちろん台湾の若者に対しても同様である（写真05・06）。

日本統治時代の台湾を子どもたちに語る

総統が日本の若者のことに話題が及ぶと、必ず披露する話がある。二〇〇二年、総統は台中《たいちゅう》日本人学校の式典に招かれた。一九九九年九月の台湾中部大震災でもともとの校舎が損壊してしまい、新しい敷地に校舎が落成した翌年のことだった。

前年五月に行われた落成式典には、招待されたものの夫人を代理で行かせている。というのは、その年の四月に心臓病の治療を目的に日本を訪れ岡山県の病院で治療を受けたが、訪日に際してビザ発給で日台関係は揺れに揺れ、台湾の一部反日メディアからは「そこまでして日本を訪問したがる李登輝は日本の犬」とまで攻撃された経緯があったからだ。日本人学校の式典に出席すると再び「李登輝はやはり日本びいき」と叩かれ、学校にも迷惑をかけると考えて、夫人に代理出席させたのだ。

その翌年の式典には、総統も喜び勇んで出かけていった。校舎損壊の模様を実際に見て、総統府で代替となる敷地探しを自ら指示して建設された学校だ。感慨もひとしおだっただろう。そこで総統は記念講演として日本統治時代の台湾について話した。講演が終わり、生徒たちと質疑応答を繰り返していたが、どうも生徒たちの話す内容に違和感がある。尋ねてみると「学校では、日本は台湾を植民地にして台湾人を苦しめてきた」と教えられている、というのだ。

それを聞いた総統は後藤新平や八田與一の台湾に対する貢献のエピソードを語り生徒たちに聞かせた。そしてたくさんの有能な日本人が台湾のために働いたからこそ、そのおかげで現在の台湾の繁栄があるんだ、と。すると、感想を求められたひとりの生徒が「今まで台中の街を歩くのに、なんとなく肩身が狭かったけど、これからは胸を張って歩けます」と答えたという。

このエピソードを話すときの総統は、いつも嬉しさ半分といった表情だ。子どもたちが、総統の話すような内容に接することで自信を持ってくれたことに喜びつつも、過度に日本のことを貶めようとする教育がまだまだはびこっていることで、日本人が自信を失っていることに対して残念に思っているのだ。そうした気持ちが「自分が日本の子どもたちに話して聞かせなければ」という原動力になっているのだろう。

若者との対話を追い風に進めた台湾の民主化

二〇一四年三月、日本でも一躍有名になった「太陽花學連(ひまわり学生運動)」が勃発した。発端となったのは「海峡両岸サービス貿易協定」で、台湾の主幹産業でもあるサービス業への、中国大陸からの進出を、開放するものだった。これが決まれば台湾の経済や就業機会は大きな打撃を受けかねないと、慎重な議論を求める声が高まっていた。

ところが当時の馬英九政権は、審議を途中で打ち切り、強行採決を行おうとして、議場は大きな騒ぎとなっていた。そして、与党国民党の姿勢に立法院前で抗議していた若者たちが立法院の占拠に踏み切ったのである。

結局この立法院占拠は、四月上旬まで三週間あまり続いた。王金平《おうきんぺい》・立法院院長(当時)が、貿易協定を監督するメカニズムが法制化されるまでは、協定の審議を行わないと明言したことで、「ひまわり学生運動」は収束することとなった。

総統は、この学生たちの運動を夫人とともに「応援する」と公言していたし、運動終了後も、学生の代表を自宅に招いて歓談したり、食事会を開いたりしている。若者たちが国のためを思い、自ら行動を起こしたことを心から喜んでいるのが、そばにいる私にもありありと伝わってくる。こうした若者の「想い」を大切にする姿勢は、実は現役総統の時代にもあった。

今から約三〇年前の一九八八年一月、李登輝は急死した蒋経国《しょうけいこく》総統の後を継いで総統になったが、実際には国民党内での基盤が弱い、というよりほとんどない状態で、名目のみのロボット総統であったと言ってもよかった。

しかし、李登輝のすごいところは、無闇やたらと自分が望むことを推し進めるのではなく、雌伏して時機が訪れるのをひたすら待ったことだ。

一九九〇年三月に総統選挙を迎えると、党内では李登輝を総統候補に推す主流派と、非主流派が争ったものの、結果的に李登輝が選挙を勝ち抜いて名実ともに総統の座を手に入れる。党の有力者のなかには、それまで前任の蒋経国の路線を穏当に踏襲してきた李登輝を引き続き総統の座に置き、背後でコントロールしようと考えていた人もいたようだ。しかし、李登輝は正当に選出された総統として、ここから徐々に自分が考えていた「民主化・自由化」に着手し始めるのである。

折も折、台北市内の中正紀念堂《ちゅうせいきねんどう》という広大なエリアで「野百合学生運動」が展開されていた。国権の最高機関である国民大会の代表らが、引退と引き換えに高額な退職金や年金を要求しているという報道に怒った学生たちが、座り込みやハンストで抗議運動を始めたのだ。

李登輝が総統選挙を戦っているさなか、学生たちは憲法改正や国是会議の招集、民主改革のタイムテーブルの提示などを求め、これが結果的に李登輝の進めようとする民主化・自由化への追い風となった。国是会議とは、民主化を政治主導だけでやっていくのではなく、社会から広く識者や学者を集めてどのように民主化を進めていくかを討論する場である。

そうしたなかでも、李登輝は温かい気持ちで学生たちを思いやっていた。学生運動が起きたのは、南国台湾とはいえまだ肌寒く、夜には冷え込む三月である。

ある日の午後、一台の黒塗りの車が、学生運動が行われている中正紀念堂の入口近くに停まっているのが見えた。よくよく観察すると、付近には目立たぬように、警察官や警察車両が配置されている。もしや、と感じた新聞記者がその車両を目指して近づき始めると、車はスーッと現場を離れて走り去ってしまったという。

後に李登輝は、学生たちが寒さに震えながら座り込みやハンストをしていることを聞き、自分が中正紀念堂へ出かけて直接学生たちと対話しようと思ったのだと話す。しかし、国家安全局からの「身の安全を保証できない」という強い意見具申により、夕方に車両で現地へ行き、学生たちの様子を観察するに留めたというのだ。

数日後、李登輝は学生の代表を総統府へ招いてその要求に耳を傾けるとともに「皆さんの要求はよく分かりました。中正紀念堂に集まった学生たちを早く学校に戻らせ、授業を受けさせなさい。外は寒いから早く家に帰って食事をしなさい」と声をかけている。

その夜、学生代表団は協議し、占拠を翌日に終了し解散することを決めた。そして李登輝は学生との約束通り、タイムテーブルを発表し、民主化を本格的に推し進めていくことになる。

「若者は国の宝」という揺るぎない想い

こうした、李登輝の日台の若者に対する態度を見ても分かるように、李登輝は本当に若者を大事にする。そして若者の声に耳を傾ける。自分の意見を押し付けるようなことは決してなく、若者が何を考えているのか、なぜ自分の意見と違うのかをとことん聞こうとする。こうした姿勢の源にあるのは「若者は国の宝だ」という思いがあるからだ。

多少体調が悪くとも、連日のようにスケジュールが入っていても、若者たちが「会いたい」と言ってくれれば、特に「日本から来る」と言えば、李登輝は即決で「ＯＫ」と言ってしまう。日本との窓口を任されている私が「ちょっとスケジュールが立て込んでいますからお断りしても」と口を挟んでも、「若い日本人には、昔の日本人が台湾にどれだけ貢献してくれたか、これからの日本には台湾がどれだけ大事かを伝えなきゃならないんだ」の一点張りだ。

そばに仕える私としては、文字通り老体に鞭打って働く李登輝の熱い「想い」が込められた言葉を、少しでも多くの日本人が真摯に受け止めてくれることを願うしかないのである。

第二章
光る政治手腕と人間力

犬が去って豚が来た

李登輝は日本でも「台湾民主化の父」として知られている。そのためか、日本からの表敬訪問があると「困難な民主化を推し進めた原動力はなんですか」とよく聞かれる。すると李登輝は「台湾の人々に枕を高くして寝させてあげたかったからだ」と答えるのだ。

それでは、民主化される前の台湾はどんな社会だったのだろうか。

第二次世界大戦後、日本の統治を離れた台湾を占領したのは日中戦争に勝利した中華民国だった。日本が米国に占領統治されたように、台湾は中華民国に委ねられたのだ。中華民国政府は「台湾は日本統治の苦しい時代を終え『祖国』の懐に戻った」と嘯《うそぶ》いた。いま歴史を振り返れば皮肉なことだが、台北郊外の基隆《キールン》港から上陸する中華民国の兵士たちを、台湾の人々はそろって歓迎したという。五〇年にわたる日本時代が続いたとはいえ、多少なりとも清朝時代からの名残りを留めていた台湾の人々にとっては、むべなるかな、とも言えるだろう。

しかし、出迎えた人々は兵士たちを見て顔色を変えた。それまで見慣れた、揃いの軍服で整然と隊列を組んで歩く日本の兵隊さんと比べると、あまりにもみすぼらしかったからである。長らく朝日新聞台北支局の顧問を務めていたジャーナリストの駱文森《らくぶんしん》さんから聞いたが、船から降りてきた彼らは天秤棒を担ぎ、着の身着のままでやってきたという。台湾の人々の不安をよそに、中華民国による占領統治が始まったが、間もなく汚職が蔓延し、その法を顧みない統治に対して台湾の人々の不満がくすぶり始めた。当時の世相を反映した言葉が今も残っている。

「狗去豬來」(犬が去って豚が来た)

日本時代にはさまざまな制約があり、台湾総督府も番犬のようにうるさかったが、治安や衛生は良く安心して暮らすことができた。しかし、今度来た中華民国は豚のように食い散らかすだけ、という意味である。

李登輝と戦争

一方、二〇歳の李登輝は一九四三年、旧制の台北高等学校を卒業し京都帝国大学へと進学していた。農業経済学を学ぶことを決めたのは、幼い頃に見た農民の苦労を少しでも減らしてあげたいと思ったこと、高校時代に農業経済が専門の新渡戸稲造の著作に触れたこと、将来は満鉄の調査部で働きたいと考えたからだった。ただ、学業に専念できたのはほんの短い期間だったという。時代は戦局に暗雲が立ち込めつつある頃、李登輝は台湾出身者として「志願」して学徒兵となった。

陸軍の高射砲隊に配属された李登輝は、いったん台湾に戻って訓練を受け、再び船で内地へと向かった。しかし東シナ海の制海権はすでに米軍に奪われつつあり、中国大陸沿岸を縫うように進んだ。このとき、船はしばらく青島《チンタオ》に停泊し、李登輝は人生で唯一、中国大陸に足を踏み入れる経験もしている。

一九四五年三月の東京大空襲も経験した李登輝は、最終的に名古屋で終戦を迎える。除隊後には、陸軍少尉としていくばくかの退職金も出た。京都へ戻っても授業どころではなかったことから、その期間を利用して日本各地がどうなっているのかを見てみたいと思った李登輝は、列車で九州まで出かけた。途中停車した広島駅から見えた一面の焼け野原が印象に残っているという。ただ、内地での生活はまもなく終わりを告げた。台湾にいる祖父から「早く戻ってこい」と矢のような催促があったからだ。

曽文恵との結婚

船で台湾に戻ったのは翌年の春だった。ともかくも淡水の実家へ帰り、学業に復帰すべく、台湾大学へ編入する。すでに台湾は国民党軍が進駐していたが、李登輝は当時の印象を「街がすさんでいた」と言う。

一九四七年には、前年末に中国大陸で発生した米兵による北京大学の女子学生暴行事件を受け、台湾大学などの学生が反米デモを行った。なぜ北京の事件に台湾でデモが、と思われるだろうが、中華民国の支配下では、北京も台湾も同じ「国内」とされたからである。李登輝もこのデモに、学生リーダーの一人として参加するが、他のリーダーたちは、まもなく発生した「二二八事件」で、国民党による知識人狩りの標的となってしまった。同年二月二八日、闇タバコを取り締まる役人が市民に暴行を働いたのに対し、周囲の人々が抗議、役人が発砲して死傷者が出た。これが発端となって大きなデモとなり、全土に広がったのだ。占領政府は彼らの不満に機銃掃射で応えた。

李登輝もいつ国民党の官憲に無実の罪で逮捕されるか分からない時期が続いた。親友である何既明《かきめい》の実家の納屋にひと月ほどもかくまってもらい、なんとか難を逃れたこともある。しかし、国民党は台湾の知識人を野放しにしておくことが統治の邪魔になると判断し、「白色テロ」と呼ばれる粛清を行った。言論の自由もなく、政府を批判することも許されない。ちょっと批判めいたことを口にしただけで、その人が姿を消してしまう時代だった。ちなみに白色テロとは、取り締まる憲兵たちが白いヘルメットをかぶっていたことに由来するという。

そんな台湾内部の実情と前後して、中国大陸ではその支配権を争う国共内戦が繰り広げられていた。結果、共産党に敗れた国民党は台湾へと敗走してきた。こののち、中国大陸は共産党が支配するとともに中華人民共和国が建設され、国民党率いる中華民国は政府機能まるごと台湾に移転することになったのである。

台湾の「非民主的」な時代が始まった頃、李登輝は台湾大学を卒業し、学者の道を歩み始めた。そして持ち上がったのが結婚話である。すでに相手は決まっていた。同じ三芝の生まれで実家同士も近く、幼い頃から行き来していた曽家の長女だった。双方のおじいさん同士の仲が良く、いわば許嫁としての間柄だった。

一九四九年二月、李登輝は、当時台湾銀行に勤めていた曽文恵《そうぶんけい》と結婚式を挙げた。ささやかながらも幸せな新婚家庭のスタートだったが、結婚から三ヶ月後には戒厳令が布《し》かれた。台湾の社会は文字通り自由を失った時代が始まったのである。

総統夫人の話し相手をしていると、話が当時のことに及ぶことがある。

「本当に息苦しくて危険な時代だったわ。主人はたまに講演することがあったけど、事前にわたしがその原稿を見て、ちょっと危ないなと思う箇所は消しちゃうのよ。あとで主人に『勝手に原稿を消すな』って怒られたけど、そうしないと家に帰ってこられないもの」と、昨日のことのように話してくれたのが印象に残っている。

二度にわたる米国留学

台湾大学を卒業した李登輝は、中国農業復興聯合委員会（農復会）に就職した。戦後、米国からの資金提供を受け、農村復興のための政策立案や調査研究を行うシンクタンクのようなところだ。この仕事に従事していたことで、李登輝は米アイオワ師範大学（のちにアイオワ州立大学と改称）の奨学金を申請する資格を手にした。応募者一〇〇〇人を超える難関だったが、一九五二年三月、厳しい入学試験をパスした三五人のうちの一人となった。

このとき李登輝夫妻にはすでに二人の子どもがいた。まだ若い李登輝にとって、農復会と大学講師の二足のわらじの収入でも、台所事情は火の車だったようだ。幸いにも友人たちが食事会を開いてくれ、餞別として旅費を用立ててくれてなんとか米国へ渡ったという。このアイオワ大学での留学は翌年まで続いた。

二度目の留学は一九六五年、やはり米国のコーネル大学だった。前回の留学から実に一〇年以上が経過している。なぜこんなにも間が空いたかというと、アイオワから台湾に戻る途中に危機一髪の経験をしているからだ。米国から台湾に帰国する際、当時は台湾人であっても政府に再入国許可を申請しなければならなかったのだが、再入国許可証がなかなか発給されず、中継地のフィリピンに一日留め置かれた。このときのことを、李登輝は「過去に参加していたマルクス主義研究会のことと、アメリカで台湾独立運動をしていた人間とわずかながら交際していたことが当局に疑念を抱かせたのだろう」と推測していた。

結果、李登輝は台湾に戻ってからもなるべく政治とは距離を置き、研究に没頭する毎日を送った。しかし、皮肉にもそれがかえって自分自身の学問における「不足」を感じさせることにもなる。農復会に復職し、台湾大学で教鞭をとるなどしていたが、学問の世界では博士号を持っていない者に明るい未来はないことを知るのだ。

〝誤解〟で決まった留学先

李登輝は、米ハーバード大学のサイモン・クズネッツ教授に師事して景気循環や開発経済学、計量経済学の研究を続けたいと考えるようになっていった。サイモン教授は当時、開発経済学の分野で先駆者とされた学者だった。その研究や著作はすでに日本語に訳されていたので、李登輝は日本語版の書籍を通じて、世界の経済学の潮流を知ることができたという。そのためサイモン教授が開発経済学の分野で先駆者であることを熟知していた。

ただ、結果的に留学先として選んだのはハーバード大学ではなくコーネル大学だった。なぜ留学先を変更したのか李登輝に聞いたところ、そのワケを笑い話半分に教えてくれた。当時、コーネル大学農業委員会のA・B・ルイス教授が奨学金を提供し、農地管理方面の実地研究を李登輝にさせようとしたそうだ。ルイス教授にしてみれば、農復会に勤務していたから、農民が日々直面する問題に対して大きな興味を持っているだろうと誤解していたのだった。けれども、李登輝は「どうせコーネルに行くなら『台湾と日本の土地改革の動態』をテーマに研究しよう」と思っていたのだという。双方の誤解によって、なぜか李登輝の留学先はコーネルに決まったのだった。

もうひとつ、李登輝が話してくれたコーネル大学での思い出話に興味深いものがある。当時も今も、コーネル大学は農業政策の分野で米国屈指の実績を誇っている。この名門校では、政府が高度な専門知識を持った学者を派遣し、農業の発展を促していくのが伝統的な手法だった。それは「下から上へ」という、農民たちが政治に対し影響力を行使するべく、団結して政府に働きかけるやり方ではない。こうしたコーネル大学の理念の影響を受けたためか、李登輝は「台湾の政治を左右する一番の方法は、国民を組織して政治的影響力を発揮させるのではなく、国民党あるいは政府内部を通して変革させていくこと」だと確信を得るようになったという。

コーネル大学留学生の李登輝はすでに四〇歳を超えていた。そのため、クラスメートはもちろん、教授より年上のときもあった。事実、李登輝の逝去後におくやみの手紙を送ってくれた当時の指導教官、ジョン・メラー氏は五歳年下だ。週末はいつも自宅でバーベキュー・パーティを開いて若い台湾人留学生を誘っていたため、「牛排先生(ミスター・ステーキ)」と呼ばれることもあったそうだ。コーネル大学での生活は一九六五年から六八年まで。無事博士号を取得して帰国した李登輝を待っていたのは、台湾大学教授の椅子だった。

李登輝はなぜ、蔣経国に気に入られたのか

李登輝が政治の世界に入ったきっかけは、農業経済学の学者として白羽の矢が立ったからだった。当時の台湾では、疲弊した農村をいかにして救うか、また農業社会から工業社会へいかにして転換していくかが大きな社会問題となっていた。

農業経済学に関する論文で、全米最優秀賞を受賞して凱旋帰国した農業経済のスペシャリストに、蔣介石の息子で国民党の後継者になることが決まっていた蔣経国が目をつけないはずがなかった。蔣経国の抜擢により、李登輝は政治の世界へ入ることになるが、問題がひとつあった。国民党に入党するかどうかである。

当時、台湾の政治は外省人（国民党とともに中国大陸からやってきた人々）に牛耳られていたと言っても過言ではない。本省人（戦前から台湾に住んでいた人たち）たる李登輝をはじめ、台湾の人々にとって国民党は自分たちを弾圧する首謀者であり、唾棄すべき対象として捉えられていたのだ。そんな国民党への入党を李登輝は決断する。

李登輝は徹底した現実主義者だ。名より実を取ることで台湾に貢献してきた指導者と言える。そんな現実主義者たる片鱗を見せたのがこの国民党への入党だった。一番の大きな

理由は、独裁政権であるがゆえ、党員にならないと会議にも出席できないし、意見も通らないからである。

李登輝曰く「せっかく台湾の農民のために勉強してきたのに、その意見が通らないのでは意味がない。国民党に入ることで台湾のためになるのならたやすいこと」なのだ。総統夫人も「国民党に入ったことで、まわりの人からは頭がおかしくなったかと言われたこともありました」と述懐する。私が「奥様は反対しなかったんですか」と尋ねると「反対もなにも、主人が入ると言ったら入る、それだけです」。そこには夫唱婦随の関係が垣間見える。

ここから李登輝は、台北市長、台湾省主席(現在は廃止)、副総統と着実にポストを上がっていく。そこで、多くの人が疑問に思うだろう。「なぜ蒋経国にそれほどまでに評価されたのか」と。李登輝自身もよく質問される。その答えはこうだ。

「なんで蒋経国が私を選んだか、本人に聞いたことがないからはっきりしたところは分からない。でも、私が感じていた原因は、私のなかの非常に日本人的なところを評価していたのだと思う。というのも、国民党といっても一枚岩ではないから、誰もが権力闘争のなかにいる。そうすると、蒋経国のまわりには、少しでも上のポストを得ようと、仕事もせずにお追従を言ったり、おべっかを使ったりする者ばかりになる。だけど私はもともと学者だったから出世には興味がない。お世辞は言わないかわりに、国民のために仕事をしたいと思うから、会議でも言いたいことはズケズケ言う。そういった日本人の持つ勤勉さや誠実さ、正直さを彼は評価していたのではないか」

当時の写真を見ても、李登輝はイスに常に浅く腰かけている。少しでも偉く見せようと尊大にふんぞり返って座ることも多い党幹部ばかりの中で、その姿はある意味、奇異に映ったであろう。こうした部分も含めて、李登輝は自分を「日本的」と表現している。

権力基盤を持たない李登輝の「深謀遠慮」

一九八八年一月、李登輝が副総統のとき、総統の蔣経国が急逝する。憲法の規定により、その日のうちには宣誓を終えて、李登輝は総統に昇格していた。当時六四歳。曰く、「最も無欲」な学者出身の政治家が、いつの間にか頂点にたどり着いたのだ。ここから李登輝は、心に秘めていた「台湾の人たちに、枕を高くして寝させてあげたい」という信念を、少しずつ慎重に行動に移す。

とはいえ、短期間だけのピンチヒッターと思われており、党内に派閥もなければ、軍や情報機関も握っていないという「ないない尽くし」の総統である。性急なことはできなかった。最初は、数十年も改選されていなかった立法院(国会)や国民代表大会の代表を全員退職させることから始めた。ひとり何百万元という退職金を支払って、である。

並行して、当時の台湾は「中華人民共和国と内戦中であるため、暫定的に憲法を停止する」ことなどを決めた「動員戡乱時期臨時条款《どういんかんらんじきりんじじょうかん》」、いわば国家総動員法を廃止した。これによって憲法の機能が復活する。こうなると、中国大陸のことはまったく考える必要はなくなり、台湾内部の改革や民主化に集中することができるようになるのだ。

党内の一部から漏れ聞こえてくる「李登輝は台湾独立派なのではないか」と訝《いぶか》しむ声を消し去り、妨害をたくらむ一派を安心させるために、総統の主導で「国家統一委員会」を作った。当時はまだまだ「台湾はいつか中国大陸を取り戻す」と息巻く者が少なからずいたという証左だろう。国家統一委員会は、将来の中国大陸と台湾の統一を進める組織だが、統一のための話し合いを始める条件がふるっている。「共産党が自由民主化され、富の配分が公平になったあかつきには、統一の話し合いを始める」というのだ。

李登輝は笑って言う。「そんな日は永遠に来やしない。でもこの組織のおかげで、それまで私に猜疑心を持っていた連中は安心して、李登輝支持にまわるようになったんだ」。

民主化に成功したのは「日本教育」の賜物

李登輝は権謀術数を交えて党内の支持を集め、台湾の民主化を推し進めていく。言い換えれば、総統かつ国民党主席という権力を用いて、社会の自由民主化を推進するという真逆のことを実践したのだ。独裁政権のトップたる絶大な権力を巧みに使い、独裁政権を瓦解させる自由民主化の推進に利用するという「アウフヘーベン」(止揚)をやってのけたのである。

李登輝は一連の民主改革を、一滴の血も流さず、一発の銃弾も打つことなく完成させた。「台湾の人々に枕を高くして寝させてあげたい」という信念を貫いた李登輝に、その強さの源を聞いて刮目したことがある。

「日本教育だよ。人間生まれてきたからには『公』のために尽くせ。そう叩き込まれてきたんだ。だから私は国民党の権力を手にしたときも、『私』のことはまったく考えることなく『公』のために使おうと決心できたんだ」

そしてこう続けたのである。「だから台湾の民主化が成功したのは、日本のおかげでもあるんだ」と。

とはいえ、日本教育によって培われた李登輝の日本精神だけで台湾の民主化が成功したかというと、そこには疑問が残る。台湾の人々に民主主義と自由を経験させたかった、という李登輝だったが、自分の信念を貫くだけで民主化が推進できるほど甘くはない。なにせ、相手は戦後五〇年近くにわたって台湾を牛耳ってきた独裁政権の国民党なのだ。

党内には長年にわたって累積してきたさまざまな既得権益があった。その最も代表的なものが国民大会の議席である。国民大会は、五院（中華民国は「立法」「司法」「行政」のほかに「考試」[*1]「監察」[*2]の五権が分立しており、それぞれをつかさどる「院」が設置されている）の上に置かれ、政府を監督するとともに、憲法改正などの権限を持つとされていた。中華民国は一九一二年に中国大陸で成立していたから、国民大会には中国各省から数名ずつの代表が選出された。

第二次世界大戦が終わり、再び国共内戦に突入した中華民国は敗れたものの、「中華民国と中華人民共和国は未だに内戦中である」というレトリックのもと、「動員戡乱時期臨時条款」を公布、憲法を停止していた。

そのため、戦後数十年にもわたって国民大会代表は改選されることもなく、同じ人間が居座る事態が続いた。憲法が停止されている非常事態なのだから、選挙も行われないわけだ。彼らは「万年議員」と呼ばれて高額の禄を食み、その特権を享受する姿勢に批判が高まっていた。

＊1　「考試院」は公務員試験や国家試験、公務員の人事行政などを司る機関
＊2　「監察院」は公務員や国家機関の不正に対する弾劾や、国家機関会計監査などを行う機関

カネでみんなに辞めてもらった

台湾の民主化に着手するにあたって、総統の李登輝がまず手をつけたのが、先述の「動員戡乱時期臨時条款」の撤廃と国民大会代表の入れ替えだった。「動員戡乱時期臨時条款」は、中華民国こそが中国の正統政府であり、中華人民共和国は「反乱団体」だと規定するものであったから、まずはこれを撤廃するよう国民大会に働きかけた。いくら総統といえども、国民大会が制定したものは国民大会でなければ撤廃させられない。民主化を念

頭においた李登輝はここで法治主義的な手続きを重視したのだ。

続いては、国民大会代表の退任である。李登輝は国民大会代表のひとりひとりを自宅に訪ね、「どうか国家のために代表を辞めてくれないか」と頼んでまわった。総統自らやって来て頭を下げることに気をよくしない人間はいない。

それに加えて、当時としても破格の退職金と、高利の年金待遇を約束することで、全員が退任することに同意してくれた。今でも李登輝は当時を思い出して笑う。「あの頃は国民党にはまだ金がたくさんあった。その金でみんなに辞めてもらったわけだ」。ここには、李登輝の現実主義的な一面が透けて見える。金でカタがつくのであれば、長々と話し合いをして時間を無駄にせず、一気に解決してしまおうという考え方だ。これによって、国民大会は改選が可能となり、健全な民主主義の土壌が均《なら》されたのである。

「中国人の考え方」を学んだ場所

一連の民主改革を行うには、党内部の批判をかわすべく、細心の注意を払いながら進めていかなければならない。それには、中国人の発想や思考を理解していなければならない。

李登輝はそれをどこで学んだのだろうか。

いわく、それは「蒋経国学校」であった。

そもそも学者出身の李登輝は、もちろん政治経験ゼロである。そんな李登輝に対し、蒋経国は、李の職掌と関係ないような会議であっても「出席するように」と言い渡した。李登輝は会議の前に資料を見ながら、その結論を予想する。学術的に考えればこういう政策になるだろう、と予め考えながら会議に臨んだ。

ところが、会議はいつも予想とは異なる結果となった。そんなことが何度も続き、蒋経国の発言を注意深く聞いていた李登輝は、ハタと気付く。蒋経国は、普通に考えればAという結論になるところを、さまざまな政治的条件を加味してBという結論を導いていた。つまり、学術的にはAという結論が正解でも、政治的にはBが正解なのだ。政治は、議論に勝てば終わりではなく、あらゆる人々の利益を最大公約数的に実現させなければならない、ということを学ぶとともに、中国人をいかにしてコントロールしていくかを身につけたのが、まさにこの「蒋経国学校」だったというわけである。

「党の軍隊」を「国家の軍隊」に

民主化に着手した李登輝は、政権人事においても人々が驚くようなことをしてのけた。蔣介石やその夫人である宋美齢《そうびれい》といった国民党中枢に近く、これまでずっと軍部を掌握してきた参謀総長の郝柏村《かくはくそん》を国防部長（国防大臣）に抜擢しただけでなく、次の組閣ではなんと行政院長（首相に相当）に昇格させたのである。

郝柏村の横暴ぶりは台湾社会でも批判の的だった。その人物を国防部長どころか、内政の要である行政院長に据えるとは、初の台湾人総統に期待した市井の人々からみれば「李登輝、お前もか」という心境だっただろう。組閣人事が発表された翌日、ある新聞は社説にただ「無言」という文言だけを掲載して抗議の意を表した。開いた口がふさがらない、ということであろう。

ところが李登輝の真意は違った。李登輝が設定した大きな目標は「これまで党のものだった軍隊を、国家の軍隊に変えなければならない」であった。

郝柏村は宋美齢の寵愛をバックに、三軍をいいように牛耳っていた。そこで李登輝はまず、郝柏村を国防部長に抜擢した。国防部長は出世ではあるものの、軍の現場とは離れる。

李登輝によれば「軍事会議がどうの、戦術がどうの、と言っているよりも、書類にハンコをつくのが国防部長の仕事」なのだそうだ。

このとき、宋美齢は李登輝をわざわざ訪ねて「台湾海峡がきな臭いこの時期に、郝柏村を参謀総長から外すのはやめてくれ」と懇願している。宋美齢からすれば夫の蒋介石亡き今、軍部を掌握する郝柏村の存在こそ「党への影響力の源」だったのではあるまいか。これを李登輝は一蹴している。今日でもそのことを振り返るとき、李登輝は憤りを隠さずに言う。

「いくら元総統の夫人だと言ったって、なんら権限などないんだ。そんな人間がクチバシを挟んでくる。時代遅れな発想だなぁ」

李登輝はさらに郝柏村を行政院長へ大抜擢した。これは郝柏村からすれば「痛し痒し」だったろう。大出世には違いないが、ますます軍の現場から遠ざかる。これは、それまで学んだ中国人の操縦法を使ったものだ。

「中国人は出世が嬉しくてたまらない。でも軍からは離れるし、軍事会議にも出られない。嬉しい反面、郝柏村の軍に対する影響力はますます小さくなっていったんだ」

蒋経国は政治の先生

それからまもなく、立法院(国会)が改選されることになった。新しく成立した立法院は、総統の指名による行政院長を任命しなければならないが、李登輝は郝柏村を行政院長に指名しなかった。指名しなければ行政院長に居座るわけにはいかない。官邸で「次はあなたを行政院長には指名しない」と告げた際、郝柏村は顔を真っ赤にして怒り狂ったそうだ。

こうして、軍部を自らの支配下に置き、牛耳っていた郝柏村は、出世することで軍部から離され、最終的には牙を抜かれるが如く、その影響力を奪われた。軍では民主的な人事が行われるようになった。「党の軍隊を国家の軍隊にする」という目標が実現したわけである。この後、郝柏村の「副主席になりたい」という要望を李登輝は呑んだが、同時に副主席を四人に増員して、その権限を分散化させてしまった。

李登輝が民主化を進めたその信念の基礎には、日本教育による「公のために尽くす」という日本精神があった。しかし、それだけで猪突猛進に民主化を進めただけでは、国民党の抵抗勢力に遭い、志半ばで挫折していただろう。

日本精神とともに、中国人をいかにしてコントロールするか、権謀術数を学んだ「蒋経国学校」の存在が、台湾民主化の成功のカギであったと言える。李登輝は今でも蒋経国を「政治の先生」と呼び、尊敬していることがその発言からもうかがえる。

蒋経国は、客観的な評価が二分される人物とも言える。情報機関を掌握し、言論の自由を奪って国民の自由を弾圧する一方、台湾のインフラ整備を進め、今日の経済発展の基礎を築いた功績でも知られている。私は李登輝の口から、蒋経国に対する批判を一度たりとも聞いたことがない。むしろ、一介の学者にすぎなかった自分が、望むと望まざるとにかかわらず、政治の世界に入り、国民のため、あるいは台湾のために貢献することができたのは、蒋経国の教えによるものが大きいとさえ述懐する。自分が政治の世界でここまでやって来られたのは「蒋経国学校」で学んだからこそだ、とまで言うのだ。

李登輝にとって、蒋経国の教えがなければ、あの国民党内部にあって批判をかわし、民主化を進めることはできなかったという思いもあるだろう。李登輝が民主化においてその手腕を存分に発揮できた裏には、蒋経国総統の存在が大きかったというのは事実なのである。

副総統の指名と「神のお告げ」

学術や研究の世界一辺倒でやってきた李登輝にとって、政治の世界はまた勝手の異なるものだった。そんな李登輝を、蔣経国は水面下で支えるとともに、その能力を買って台北市長や台湾省主席へと抜擢、最終的には自らの右腕となる副総統に据えた。

ただ、大きな問題があった。

一九八四年二月、国民党の中央委員会の席上で、蔣経国が「李登輝同志を中華民国第七期副総統候補とする」と宣言した。

この頃、蔣経国は体調が思わしくなく、寝たり起きたりの毎日だったという。この日の会議でも、総統専用室で臥せっていた蔣経国が李登輝を呼び寄せ「あなたを副総統に指名するから」と伝えたそうだ。

それに対し李登輝は「私では力不足です。副総統の職務は荷が重すぎます。私を買いかぶりすぎです」と答えたものの、蔣経国ははっきり「あなたにやらせると決めたんだ」と言ったという。そこで「ありがとうございます。これからは副総統として総統を助けていきます」と、重責を担うことを引き受けたのだ。

その一方で李登輝は「正直弱ったな、と思った」そうだ。

三〇代半ばでキリスト教の洗礼を受けていた李登輝は、あるとき不思議な夢を見た。誰だかよく分からないが、夢に出てきた人物が「お前は六〇歳になったら山へ入り、人々を伝道するのだ」と言ったというのだ。

これは神が自分に告げた使命だと悟った李登輝は、以来、六〇歳になったら山の人たち、つまり日本時代は「高砂族《たかさご》」と呼ばれた原住民（台湾における先住民族の呼称）の人々に伝道活動をしようと決意したという。

夢を見ただけで、と思うかもしれないが、もともと李登輝には原住民の人々と縁があった。台湾大学の助手時代、大学の実験林や牧場が台湾中部の渓頭《けいとう》や霧社《むしゃ》の付近にあったため、管理のために定期的に長期滞在していた。

近くに住んでいるのは原住民の人たちばかり。平地に暮らす人々よりいっそう貧しいながらも、心温かい原住民の人々との交流がここで生まれたことが、後に「山へ入って伝道を」と決意する後押しにもなったようだ。

原住民について李登輝はこう言っていた。「山の人たちはね、本当にあったかいんだ。素朴でねえ。私なんかが行くと寄ってけなんて言って酒を出してきたりしてよく交流したもんだよ。でも山の人だから生活は貧しいんだ。イノシシだのシカだのを撃って食べたり。ただ気性は激しいから、国民党は彼らが山から降りてこないようにしたんだ。補助金をたくさんやるから山の上にいろと。そして『山地同胞』なんてへんてこな名前で呼んで、平地には降りてこさせなかった。だけど本当はこの台湾っていう島の主人は彼らなんだよ。本省人より何より、彼らが先に台湾に来てたんだから。国民党は原住民に陳なんとかとか、李なんとかなんて名前を付けさせたけど、彼らには自分たちの名前があるんだ。だから私が総統になって、原住民は自分たちの名前を使っていい、李とか王じゃなくて、自由にしろ、って言ったわけだ」。

事実、李登輝は総統在任中の一九九四年、それまで「山地同胞」などと呼ばれてきた人々を、正式に「原住民」と称することを決め、憲法にも明記するよう改正した。それまでなにかと差別されることも多かった原住民たちの権利向上を約束したのだ。

李総統は台湾社会の融合を目指す「新台湾人」の概念を打ち出したが、その出発点は若き日の原住民との交流だった。

牧師からの手紙

話を戻すと、蔣経国から副総統に指名されたとき、李登輝は六一歳だった。李登輝としては「そろそろリタイアして伝道に携わろう」と思っていたという。ところが、豈図らんや、副総統の指名を受けてしまった。これを拒むことはできない。とはいえ、敬虔なキリスト教徒である李登輝にとって「六〇歳を過ぎたら山へ」という言葉は「神のお告げ」にも等しいものだ。

悩みに悩む李登輝のもとへ手紙が届く。差出人は、蔣介石や蔣経国といった蔣家の牧師を務めた周聯華《しゅうれんか》だった。

李登輝は回想する。

「手紙にはこう書いてあった。神様が六〇歳を過ぎたら山へ伝道に行きなさい、と告げたとしても、今や国家があなたを必要としている。副総統として国や人々のために働くことは、より重要なことだ。とにかく今は副総統の職務を全うして、山へ伝道に行くことはまた後で考えればよいのだ、と」

周牧師からの手紙は非常に長かったというが、李登輝は続ける。

「当時の私は、副総統の地位というものにまったく固執していなかった。地位に関係なく、与えられた仕事をきっちりやりさえすればよいという考えだった。しかし、周牧師からの手紙を読み終わって、私は副総統として国や人々のためにできることを全力でやろうと決心したんだ」

こうして、李登輝は自身が伝道に携わることをいったん棚上げし、副総統としての職務に邁進することを決めたのである。

見えなくとも信じる、それが信仰だ

ではなぜ、もともとキリスト教徒ではなかった李登輝が、これほどまでに敬虔な信徒になったのだろうか。そばにいる私も、折に触れて尋ねてみたことがあるが、正直に言ってなかなか明確な答えを聞いたことはない。ただ「心の虚しさを埋めてくれるものが信仰であり、キリスト教だった」という答えだった。

私なりに考えるのは、李登輝が生まれ育った時代の影響の大きさだ。

李登輝が生まれた一九二三年は、一八九五年の台湾割譲からすでに四半世紀が経過しており、日本統治の基礎が完成していた。幼少期を、安定した日本統治のもとで過ごしたとも言える。さらに多感な思春期から青年時代は、戦争の足音が近づき、台湾では皇民化運動が強化された時期でもあった。言うなれば「徹底的な日本人化教育」が施された時期なのである。

こうした時流に、もともと優等生で真面目な李登輝は一〇〇パーセント応えようとした。つまり、日本が求める以上の日本人になろうとしたのである。自身がよく言う「日本が、理想的な日本人を作ろうとして作り上げたのが李登輝という人間だ」という言葉もそれを裏打ちしている。

台湾では、誠実さや品行方正、正直さ、潔さなどを褒め称える「日本精神」という言葉が使われていた。まさにこの時代は理想的な「精神性」がより強く求められた時代であり、「唯心論」の時代であったとも言える。

ところが、日本の敗戦によって様相は一変する。中華民国の喧伝もあって、台湾はそれまでの「抑圧された植民地の人々」ではなく「祖国たる中国に復帰した戦勝者」とされた。まさに一夜にして劇的な価値観の変換が起きたわけだ。それまで「国語」として使われていた日本語は禁止され、今度は中国語が強制された。

何もかもがガラリと変わったが、決して良い方向に変わったわけではない。戦後から台湾はハイパーインフレに見舞われ、経済的に富める者はますます富み、窮する者はますます転げ落ちていったのである。こうした時代において、若者たちが社会主義や共産主義に傾倒していくことは時流でもあった。

事実、李登輝も台湾大学の仲間たちと読書会を開き、共産主義を研究したこともある。余談だが、私が読みかけの『資本論』をオフィスの机に置いていたら、それを見つけた李登輝が「まずこの『商品と貨幣』のところをきっちり読むんだ。ここの理解が曖昧だと次を読んでも意味がない」と教えてくれたことがある。

「あの頃はさんざん読んだよ。講義をやれと言われたら今でもできるぞ」と茶目っ気たっぷりに笑っていたのを思い出す。ただ、こうした社会主義がもたらす「唯物論」も、李登輝の心にあった空虚さを埋めることはできなかったのだ。

思えば、私も多くの「日本語族」と呼ばれる、日本統治時代に生まれ育った人たちから「価値観の激変」という言葉を聞いた。「昨日まで『あいうえお』だったのが、今日からは『ボポモフォ』(台湾で用いられている中国語の発音記号)になるというのは、今まで信じていた精神的な支柱を一瞬にして取り払われたようなものだった」と。

李登輝の心のなかにも、同様の葛藤が生じていたに違いない。敗戦前の価値観は音を立てて崩れ、「これは」と思って傾倒した社会主義の唯物論も「やはり何か違う」という虚しさを感じていたのだろう。その心の穴を埋めてくれたのがキリスト教への信仰だったのではあるまいか。

ちょうどその前に、母親を亡くして心の痛手を受けていた夫人の曽文恵が、キリスト教の信仰を勧められて心の安定を取り戻していったのを間近で見ていたこともあった。李登輝は信仰がこの「空虚さ」を埋めてくれるのではないかと考え、台北市内のほうぼうの教会を歩きまわったという。しかし、もともと学術の世界で生きてきた李登輝は、「処女マリアが懐胎した」とか「キリストが復活した」などと言われても、どうにも納得できなかった。「どうしても論理的に、科学的に考えるからダメなんだ」。そう振り返る。

最終的にキリスト教の洗礼を受けることを決めさせた牧師は、李登輝にこう言った。

「見えないから信じない。見えるから信じる、というのは信仰ではない。見えなくとも信じる、それが信仰だ」

李登輝を精神的に支えたもの

以来、人生においては学者としての世界から、政治の世界へと入っていく李登輝だが、困難に直面するたびに聖書を開き、心の安定を図ってきた。

ひとつ例を挙げれば、一九八八年一月、蔣経国総統が急逝し、その夜に総統に昇格した李登輝は、国家を背負う重責の大きさに慄《おのの》き、なかなか寝付くことができなかった。そんな夫を見かねて、夫人が「お祈りしましょう」と聖書を出してきた。

李登輝夫妻のやり方はいつもこうだ。聖書を両手で持ち、当てずっぽうに開く、そして開かれたページに書かれた文言を読むというものだ。そこにはこう書かれていた。

「(前略)わたしは常にあなたと共にあり、あなたはわたしの右の手を保たれる。あなたはさとしをもってわたしを導き、その後わたしを受けて栄光にあずからせられる」

(旧約聖書「詩篇」第七三篇二三節および二四節)

これを読んだ李登輝は、安心して眠りにつくことができたという。独裁体制から民主化された台湾へ、李登輝の民主化は一滴の血も流さずに行われてきた。台湾の民主化を語るうえで、李登輝を精神的に支えた敬虔な信仰の存在を欠かすことはできないのである。

常に国民と国家のことを念頭に

二〇一四年の「ひまわり学生運動」からさかのぼること二四年前のちょうど同じ季節。立法院から徒歩で一〇分ほどの中正紀念堂に、やはり大学生たちが集まり、座り込みやハンストを展開する事件が起きていた。前述した「野百合学生運動」である。

李登輝が日本からの来客に対し、憤りとともにしばしば話す野百合学生運動のエピソードがある。

李登輝は寒空の下で座り込みをする学生たちを案じ、当時台湾大学学長だった孫震《そんしん》へ電話をかけた。孫震は、李登輝が台湾大学経済研究所で教鞭をとっていたときの教え子だ。李登輝は孫震に対し、中正紀念堂へ行って学生たちの様子を見てきてほしい、声をかけてまわってほしいと依頼したが、結局孫震は耳を貸さなかったという。

学生たちの健康を心配した李登輝は孫震に電話をして学生たちをいたわるように頼んだ

わけだが、恐らくは恩師の頼みより、党の顔色を窺《うかが》ったのだろう。何ら学生たちを気遣う素振りさえ見せない孫震に、李登輝が心底失望したことが今なおその声色から窺えるほどだ。

学生代表団は、李登輝と面会した当夜に協議し、中正紀念堂における占拠を終了し解散することを決定、翌二二日早朝には正式に解散を宣言して撤退を開始した。その後、李登輝は学生たちとの約束通り、民主化へのタイムテーブルを発表。万年国会を解散させるとともに、六月には国是会議を開いて民間から広く識者を招聘して民主化への意見を求めた。

当時の台湾社会における機運は、学生運動を中心とする民主化の要求と、体制側のトップたる李登輝自身の民主化への意欲という双方のエネルギーがうまく噛み合って進められたものだ。もっと言えば、民間の要求と体制側の頂点に立つ人物が持つ、民主化への意欲が合致していたとも言える。ここが李登輝の政治的手腕の巧みなところで、いくら選挙を勝ち抜いたことで正当な総統の地位についたとしても、李登輝個人が民主化の端緒をつけることは、当時の国民党内の権力基盤を考えても非常に難しく、さらには危険なことではなかっただろうか。

それを、「野百合学生運動」による民間からの要求を受ける、というかたちにすれば、李登輝自身は「国民の民主化を求める声にこれ以上抗うことはできない」というスタイルで民主化を進めることが可能となる。民間による体制に向けての抗議の声を、うまく民主化のエネルギーに転換させることができたのは、李登輝の政治手腕の高さを表しているものだろう。

二〇一四年、「ひまわり学生運動」は、立法院長が学生たちの意見を汲み入れ、妥協する姿勢を見せたことで収束の方向に動いた。ただ、過去の「野百合学生運動」と決定的に異なるのは、政府のトップである馬英九総統は一度も学生たちと対話したり、学生たちの声に耳を傾けようとする姿勢を見せなかったことだ。

のちに李登輝は、インタビューで「学生たちには学生たちの意見がある。彼らだって国家のためを思って行動している。馬総統は彼らの話を聞いて、早く学校や家に帰す努力をするべきだ」と当時の馬総統を強く非難した。

これまで何度か書いてきたが、「常に国家と国民のことを頭に置いておかなければならない」と李登輝は常々言っている。民主化を求める学生たちの声に真摯に耳を傾けた李登輝だからこそ、「野百合学生運動」は平和的に収束し、その後の民主化へのターニングポイントとなったとも言えるだろう。「野百合学生運動」の学生たちへの対応から見てとれる政治姿勢からは、李登輝がいかに「理想のリーダー」として語り継がれているかの理由が垣間見えるのだ。

指導者たるもの信仰を持つべき

現在副総統を務める頼清徳《らいせいとく》が、「最高指導者は孤独だ。李登輝総統も、それはまるで観音山の頂上にいるようなものだと言っている。だからこそ、何かを決断するときに縋《すが》ることのできる『強い信念』が必要だ、と教えてもらった」というエピソードを折々に話している。

この「観音山」のストーリーには補足が必要だろう。

観音山とは、淡水の対岸である八里《はちり》にある山のことだ。日本時代は「淡水富士」とも呼ばれ、淡水の夕陽とともにその美しさが讃えられ、「台湾八景」のひとつにも数えられた。余談だが、李登輝事務所はこの観音山を真正面に捉える場所にあって、窓からはその雄姿を拝むことができる。

李登輝は総統に就任して間もなく、この観音山へ家族とともにハイキングに出かけた。

当時まだ幼かった孫娘も一緒だったというから、それほどきつい勾配ではなかったはずだ。しかし、六〇〇メートルちょっと、という標高であっても、頂上までたどり着いてみると、その場は予想以上に急峻だった。四方に寄りかかれるものが何もなく、その場所に立った李登輝は、恐怖さえ感じたという。

同時に「総統の地位はこの山頂のようなものだ。まわりに寄りかかることのできるものが何もないとは、すなわち誰にも縋ることができないということだ。頼れるのは信仰だけだ」と悟ったという。

李登輝は常々、指導者たるもの信仰を持たなければならないと説く。李登輝の場合はそれがキリスト教だったが、信仰でなければ「強い信念」でもよいという。要は、孤独のなかで何らかの決断を迫られた場合でも、縋ることのできる精神的支柱を自分の心のなかに用意しておかなければならないということだ。こうした最高指導者として必要な心構えが、民進党内で要職を歴任してきた頼氏にとって大きな示唆となったのだろう。

この日に撮った、孫娘を後ろから抱きかかえた李登輝と家族の写真が残っている。この場で得た感慨を残そうとしたのだろうか、この写真をもとにした絵をスペイン留学から戻った画家の呉炫三《ごげんさん》氏に描いてもらったが、李登輝夫人によると、構図の上で「邪魔だから」と、李登輝と孫娘以外の家族は削られてしまった、と苦笑いする。

このエピソードからは、台湾の最高指導者として、党内の抵抗勢力を抑え、どんな批判もかえりみず台湾の民主化への信念を貫き通した李登輝の強さが窺える。

「総統直接選挙」を実現した理由

そんな李登輝が民主化とともに推進した台湾の「本土化」の過程で、何を念頭に置いたかを表し、好んで使う言葉がある。それが「脱古改新」だ。「古《いにしえ》のやり方を捨て去り、新しく改める」という意味を一言で表したこの言葉は、文字通りそれまでの中国式のやり方から切り離し、台湾としてまったく新しくスタートさせるという意味を含んでいる。

李登輝が総統の座についたとき、台湾を取り巻く環境も、台湾内部も矛盾だらけだった。台湾を統治しているのは中華民国だが、この中華民国はもともと中国大陸で成立したものだからだ。

李登輝は台湾人として初めての総統である。それまでの蒋介石や蒋経国は中国人であり、中国大陸への「凱旋」を夢見ながら死んでいったとも言える。しかし、実際のところ、台湾はそもそも中国大陸とはなんの関係もないのだ。中華民国が一方的に台湾を自分のものにして居座ってしまっただけ、と言ってよい。

そこで、これらの問題解決に着手する際、李登輝は考えた。

「従来と同じ『中国』という枠組みのなかで制度を変えようとしても、それは根本的な改革にはならない。これからの台湾に必要なのは、これまでの『中国』という考え方から脱して、まったく新しい台湾を作り上げることだ」

李登輝は、従来の枠組みのなかで制度を変えていくことを「託古改制」と称した。古来続いてきた制度を踏襲しながら、少しずつ改めていくということだ。しかし、台湾がいつまでも中国との結びつきを残し、中国大陸の奪還にこだわり続けることは、台湾にとって無益だと李登輝は理解していた。

つまり、「『台湾は中華民国』という発想の出発点そのものを捨てる」ということなのだ。台湾がいつまでも中国式の制度を基盤としていては、それをどんなに改変していこうとも、決して中国式の枠組みを打破できないと考えたのである。そこで提唱したのが「脱古改新」であった。これこそ、李登輝が台湾の民主化を進めるうえで念頭に置いた原則である。

実際、中国には、歴代王朝によって「易姓《えきせい》革命」というものが行われてきた。中国史を見れば、武力によって王朝が倒され、次の新しい王朝にとって替わられることがたびたびあった。しかしそれは、天が地上を治めさせていた前王朝が徳を失ったがために、天が見切りをつけ、現在の王朝に交代させられたのだという理屈である。

易姓革命が起きると、上から下まで、あらゆるものが新しい王朝に塗り替えられ、歴史さえも、後の王朝によって書き換えられることがままある。とはいえ王朝あるいは国家という点から見れば、歴代の王朝もまた、前王朝の制度を引き継ぎ、皇帝が君臨するという枠組みが維持されていったにすぎないのである。

このような中国式の制度がいつまでも維持されていては、国家というものをまったく新しく生まれ変わらせることはできない。李登輝の頭のなかには「台湾を中国とは別個の存在にする」という青写真があったのだろう。それゆえに「古の制度は踏襲しない」と決意した。その答えが、国民が自分たちで台湾の行く末を決める民主化であり、自分たちの指導者を多数決で決める「総統直接選挙」の実現だったのである。

自由や民主主義は、天から与えられたものではない

李登輝は、自分が指導者の立場を受け継いだ「中華民国」という組織を改革の出発点にしなかった。従来の制度を踏襲していては、台湾はいつまでたっても単に中華民国を微調整したにすぎない「改制」にとどまり、台湾化への抜本的な改革たる「改新」にはつながらないと考えたのだろう。

今や台湾は、形式的にも実質的にも、中華人民共和国とは別個の存在であることは明らかだ。そして、台湾の有権者が、少なくともこの状態を維持していきたいという強い思いを持っていることは、各種の世論調査からも見て取れる。「中国と統一したい」という回答をする有権者はほんのわずかだからだ。

台湾の民主主義や自由は、台湾が中国と別個の存在であるからこそ維持される。この民主台湾を守り、深化させてきたのは台湾の人々の努力によるものだが、その基礎を築いたのは間違いなく李登輝だ。李登輝があらゆる知恵を絞り、強い信念を持って推し進めたからこそ実現した台湾の民主化なのだ。

日本でも台湾でも、自由や民主主義がまるで当然のように与えられたものと誤解している人がいる。自由や民主主義は決して天から与えられたものではなく、努力し続けなければ維持できないことを分かっていただきたい。

第三章
李登輝の背骨は日本にある

本の虫だった少年時代

李登輝は一九二三年、日本の元号で言うと大正一二年、現在は観光地として知られる台北北部の淡水からさらに北へ行った三芝庄に生まれた。前述したように、家は地主だったほか、雑貨店なども経営しており裕福だった。

祖父や両親、兄に囲まれて何不自由なく育ったが、特に二つ年上の兄とは本当に仲がよかった。李登輝に言わせると、ありとあらゆることを上手にできる「スーパーマン」のような兄貴で、野球、剣道、ラグビー、座禅、読書などはみんな兄貴が教えてくれたものだそうだ。気が弱かった李登輝がいじめられていると、いつも助けに来てくれるのは地元の青年団のリーダーをしていたお兄さんだったという。

兄は高等小学校を卒業すると、父の跡を継ぐように警察に勤務したが、戦局が激しくなり台湾でも志願兵制度が実施されると海軍に志願する。

子どもの頃の李登輝は「おとなしくて我が強かった」という。父が警察勤務だったことで転勤が多く、公学校（当時、台湾人の子弟が通った小学校のこと）通学の間に四回も転校したため、友だちがなかなかできず、読書や絵を描いて過ごすことが多かったのが原因ではないか、というのが自己分析だ。

確かに幼少期から青年時代の李登輝は「本の虫」だったようだ。李登輝はふだん台北市内、故宮博物院を抱える陽明山《ようめいさん》のふもとに住んでいるが、本当の自宅は桃園《とうえん》市の大渓《たいけい》にある。この自宅の地下には李登輝が「私の図書館」と呼ぶ書庫が備えられているが、その規模は個人の書庫のレベルではない。作家で李登輝夫妻の親友だった司馬遼太郎氏の記念館の書庫を私も見たことがあるが、李登輝の書庫も負けていない。来客があると帰り際にその図書館を紹介するのが李登輝の習慣だが、自慢げに案内するその表情が少年のようなのがいつも印象的だ（写真23）。

ここには岩波文庫の全巻が置かれている。高校時代にむさぼり読んだ岩波文庫などの本は、戦後友だち四人で台北駅のそばに古本屋を開いたときに全部売り払ってしまったため、後年買い揃えたものだ。実際、日本語書籍を持っているだけで身に危険が及んだ時代があったことを考えると、賢明な判断だったのだろう。

教養を重視する旧制高等学校の校風のなかで、同級生たちと競うように本を読んだことは、李登輝の進路にも影響を与えた。当時の台北高等学校には、万葉集研究の大家である犬養孝《いぬかいたかし》や比較文学の第一人者の島田《しまだ》謹二《きんじ》らが教師として名を連ねていたから、授業も教師によって非常に特色のあるものだったという。

子どもたちの自主性を尊重した父

李登輝が子どもたちに「何を勉強しなさい、どこの学校に行きなさい」といった強制をしたことは一度もなかった。では、こうした価値観、あるいは教育の方針がどのように形成されたかというと、李登輝自身がそのように育てられたからだという。

父の李金龍《りきんりゅう》は、日本統治時代は警察勤務であり、当時の台湾人のなかでは「エリート層」に属すると言えた。また、実家も裕福であったために、いわば地元の名士として、戦後は農協の理事長や、県議なども歴任するなど名の知られた人物であった。

李登輝や、兄の李登欽《りとうきん》に対して愛情をそそぐ一方で、教育そのものについては何ら強制をすることはなかったという。兄の登欽は警察に入り、弟の李登輝は台北高校在学中には「世界史の教師になりたい」と夢を抱くが、当時の日本統治下では本島人が高等教育機関で教職につくことは不可能という現実があり、方向転換を余儀なくされた。

そうしたなか、満州鉄道で勤務していた先輩から仕事の面白さを聞いたことや、新渡戸稲造の著書に出会ったこと、幼い頃から農民の苦しい生活ぶりを目の当たりにしていたことから農業経済学を志すようになった。結果、かつて新渡戸が教鞭をとった京都帝国大学を第一志望として内地留学を果たすのである。

こうした兄弟の進路決定に、父は何ら反対することも強制することもなかった。自分自身がそのように育てられたからこそ、李登輝も子どもたちの自主性を尊重し、自由に進路を選ばせたのだろう。

李金龍は、李登輝が総統在任中の一九九五年に九八歳で亡くなっているが、その四年前の一九九一年に日本を旅行したときの写真を見たことがある。二〇〇七年六月に李登輝が念願の「おくのほそ道」散策の一環で、栃木県の日光を訪れたときのことだ。歓迎会場となったレストランに「李金龍先生 日光訪問」と題されたパネルに写真が飾られていたのだ(写真12)。

このときの李登輝の挨拶を印象深く覚えている。父親を引き合いに出し、「日光に寄らずして帰ることは、私の心が許さない。親父が日光を訪れたときは九〇歳を過ぎていた。私はまだ九〇歳になっておりませんよ。まだまだ歩けます! また来ます!」などと力強く語り、万雷の拍手を浴びたのだ。

写真を見ても分かるように、李登輝の父はずいぶんと小柄な人だった。一八〇センチを超える李登輝とは似ても似つかない。そのため、反李登輝派からは「李登輝の本当の父親は日本人である。だから日本びいきなのだ」などとしょっちゅうデマを飛ばされている。

ただ、李登輝自身は「父は確かに小さかったが、母親は背が高かった。私は母親に似たんだ」という。戦後まもなく病死した母親だったが、古い家族写真を見ると、確かに当時としてはかなり背の高い女性だったようだ。

憧れの存在だった「兄」

この両親のもとに生まれ、慈しまれて育った二人の息子たちだったが、李登輝の見方は少し客観的で、「親父は兄貴をことのほか、買っていたと思う」という。小さい頃から、近所のガキ大将的な存在だった兄は、弟がいじめられているとすぐさま駆けつけて助けてくれた。

水泳にしても野球や剣道にしても、何をやらせても得意だった兄は、弟である李登輝からみても憧れの存在だった。何をするにも兄を手本として付いていくようなところがあったという。だから「親父は兄のほうに期待をかけていた」というようなことを李登輝が言っても、そこには嫉妬めいたものは感じられない。むしろ、言葉の端々に「尊敬する、大好きだった兄貴」というような兄弟愛を感じるのだ。

その兄は一九四三年から台湾で始まった海軍志願制度に応募して合格する。当時は警察官として勤務し、すでに妻と幼い子どもが二人いる身の上だった。「台湾日日新報」に掲載された李登欽のインタビューには「できることなら第一線でお國のために華華しく活躍したいと思つてをりましたがそれが本當になりました(中略)これからは立派な帝國海兵としてお役に立つ日の一日も早く來ることを願ふばかりです」と語っている(一九四三年九月二三日付)。

哲学の重要性を説いた若き日の李登輝

実はその三ヶ月ほど前の「台湾日日新報」には、李登輝自身がインタビューに答えた記事が掲載されている(写真09)。「私も志願する　信念を語る岩里君」と題され、「軍隊の制度は吾々が自己の人間を造る所であり、色々と苦しみを忍んで自己を練磨し明鏡止水の境地に至るに是非必要な所だと信じてゐる」などと自分自身の考えを述べている。

同時に「近く内地に行くこととなつてゐるが内地に行つたら日本文化と結びつきの深い禪の研究をしたいと思ふ」や「現在の哲學が軍人に讀まれていぬといふ所に現代の學問の危機があるのではないだらうか」などと語っている。

日本の台湾統治後期に台湾で実施された皇民化運動により、李登輝の家は「国語常用家庭」として日本名へと改名していた。李登輝は「岩里政男」、兄の李登欽は「岩里武則」という具合にである。「国語常用家庭」とは、台湾人であっても家庭内で日本語を話す家族で、役所が設けた国語家庭調査委員会に申請することができた。「国語常用家庭」は栄誉と見られただけでなく、同時に多くの優遇措置が与えられた。

このインタビュー記事が掲載された当時は戦時体制であり、かつ台湾は総督府の管理下にあった。当時台湾における最大の新聞であった「台湾日日新報」でさえ、総督府の意に沿わない記事は載せられない状況だったことは想像に難くない。そのため、李登輝の発言も、日本統治下における教育制度を評価するなど、当局の顔色を窺いながらの部分がありつつも、禅を学びたいとか哲学を学ぶことの重要性などに言及しているところは、李登輝の哲学観がこの青年期からすでに形成されていたことの証左と言えるだろう。

ただ、李登輝が「結局教育と徴兵制が本島人が日本人として生まれ變つて行く大きな要件ではないかと思ふ」と発言しているように、志願兵制度に応募しなければ「日本人」として見なしてもらえなかった当時の台湾社会のあり方も垣間見える。

あんたならどう思うか。その気持ちを記事に書けばいい

日本の統治下にあり、戦争という、庶民には抗えない時流のなかで、愛息二人ともが「志願する」と発言したことを、両親はどう捉えただろうか。

海軍志願兵となった兄の李登欽は、訓練のために高雄《たかお》で招集された。その兄と李登輝は高雄の街で会っている。「とにかく暑い日だった。どうでもいいようなことを何時間も話した。何をしゃべったのかも覚えていない」と李登輝は語り、写真館で二人の写真を撮ってもらったという。

これが兄と弟の今生の別れであった。結局、海軍上等機関兵として出征した兄は一九四五年二月一五日、フィリピンのマニラで戦死している。

「私は兄が大好きだった。だから今でもベッドのなかで時おり思い出すことがある。そ

うなるとどうしても泣けてしまうんだ」と、李登輝は兄のことになると、まるで七〇年以上昔に戻ったかのようだ。

兄の李登欽は散華した英霊として靖国神社に祀られているが、李登輝は二〇〇七年六月に念願の参拝を果たした。夫人や孫娘を伴っての昇殿参拝だった。訪日そのものがなかなか叶わず、総統を退任してから七年後のことだ。「なぜ今まで、総統になる前に参拝しなかったのか」と言う人もいる。確かに、副総統だった時代、李登輝はトランジットで東京を訪れているから、参拝することは可能だったはずだが、「いや、その頃は兄が靖国神社に祀られているなんてことは知らなかった」というのだ。

ついに靖国神社に参拝したときのことを、李登輝は今でもこう話す。

「父は兄が戦死したと聞いても決して信じなかった。だから家には祭壇もなければお墓もない。兄の霊を慰めるものがなにもない。そんな我が家に代わって靖国神社はずっと兄の霊を慰めてくれた。だから私は兄に会いに来ると同時に、靖国神社にどうしても感謝を伝えたかったんだ」

このときの訪日では、李登輝が靖国神社を参拝するかどうかが、日台メディアの大きな注目を集めた。日本到着後もことあるごとに尋ねられたが、李登輝は毎回こう答えていた。

「六〇年以上会っていない兄貴が靖国神社にいる。弟の私が東京まで来ている。あんたならどう思うか。その気持ちを記事に書けばいい」と。

兄の幽霊

李登輝と兄の絆を示すエピソードがもうひとつある。

戦争が終わり、李登輝も京都帝国大学での学業を途中で切り上げざるを得ず、内地から台湾へと戻ってきた。祖父が「早く帰ってこい」と熱心に呼び戻したという。家に帰ると不思議な話を聞いた。

当時李家にいた若いお手伝いさんが真夜中、兄が自分の子どもたちを蚊帳の外から見つめているのを何度も目撃したという。その兄は血まみれだったそうだ。お手伝いさんはすっかり怖がってしまい、暇をもらって家に帰ってしまった。

その話を聞いた李登輝は、兄貴が子どもたちに会いに来た、と直感した。それならば、血まみれだろうが幽霊だろうが、大好きだった兄貴だからもう一度会いたい、と寝ずの番を始めた。一ヶ月近く、夜中じゅう起きて兄が現れるのを待っていたが、ついに出て来てはくれなかったという。「おかげで体重が一〇キロ近く減ってしまった」と、今でも思い出したように言うが、それほどまでに慕った兄との絆が偲ばれるエピソードである。

こんな話をするときいつも李登輝は涙を耐え忍ぶような、嗚咽まじりの声になる。もし隣に夫人がいれば、夫人も同様に涙を流す場面に何度も出くわした。夫人にとっては血のつながった家族ではないが、あの戦争の時代を経験してきた人間として、戦火によって肉親を奪われることが他人事ではなかったからではないだろうか。

李登輝と兄が一緒に撮った写真は、現在も靖国神社の遊就館に飾られている。

政治の先生と人生の先生

李登輝が尊敬する人物を聞かれて名前を挙げるのは後藤新平であり、新渡戸稲造だ。後藤新平は「政治の先生」であり、新渡戸稲造は「人生の先生」と慕っている。

これはちょっと説明が必要だ。李登輝が後藤新平を「政治の先生」あるいは「リーダーとしての手本」と呼ぶのは、自分と後藤の間に精神的な深いつながりがあると思っているからだ。一八九八年以来、児玉源太郎総督のもと民政局長として在任した八年あまりの間、後藤は指導者としての力量を遺憾なく発揮し、台湾は未開発社会から近代社会へと、「一世紀にも等しい」と言われるほどの開発と発展を遂げた。民政局長として信念を持って台湾の開発を進めたことに、自分自身が同じく固い信念を持って台湾の民主化を進めたことをなぞらえている。さらに、今日の台湾は後藤が築いた基礎の上にあると捉え、新しい台湾を築き、民主化を促進した自分と後藤の間に時間的な交差点はなくとも、空間的には強いつながりを持っているとまで言っている。

そして、後藤が台湾発展のカギを握る人物の一人として台湾へ招聘したのが、同じく岩手県出身の新渡戸稲造だった。新渡戸は当時体調を崩し、米国に滞在して静養していたが、後藤の二年越しとも言われる要請に応えて一九〇一年に台湾へ渡る。若干三九歳だった新渡戸は台湾全土を視察して歩き、殖産興業の要は製糖業にあると見極め「糖業改良意見書」を書き上げ、児玉総督や後藤民政局長の支持を得て、台湾製糖業発展の基本方針が決定される。

新渡戸の構想は、それまでの小規模かつ旧来型の耕作方法を新しい方法に転換させることを奨励する一方で、機械化された大規模な製糖工場を建設して糖業の近代化を成そうというものだった。サトウキビ農家には補助金を支給し、品種改良や灌漑施設の整備など、耕作意欲を刺激する政策を進め、さらに従来の手作業を主とした製糖作業を機械化したことで、台湾の製糖業を、いわば農業と工業の両面から発展させたと言える。

進学先を決めた新渡戸への心服

新渡戸との出会いは台北高等学校在学中のことだ。李登輝が当時のことを「ほかではできない勉強ができた。自分の内面と向き合い、自分の心を客観的に取り出す。『人間を作り上げる』最初の時間だった」と振り返るように、教養を重んじ、現在とは異なるスタイルの授業が行われていた。英語の授業ではトマス・カーライルという英国人でドイツ文学研究者の『衣服哲学』を英語の原書で読まされるという授業があった。著者がドイツ文学研究者だったこともあり、英語の文体がドイツ語調で非常に読みにくかったという。

この著書は、李登輝が当時悩んでいた「自我」や「死ぬということ」について書かれており、李登輝にとっては、その答えがこの本にあるような気になったのだろう。もっともっと深く知りたいという衝動に駆られた李登輝は、きちんとその内容を把握するために日本語訳を探した。台北市内の書店や図書館を歩きまわり、内外の関連書を読みあさったものの「これは」というものに出会うことができず途方にくれていた。そんなある日、当時台湾最大の公立図書館だった総督府図書館で偶然に手にとったのが一冊の講義録だった。新渡戸稲造による『衣服哲学』の講義録である。

新渡戸は毎年夏、台湾の製糖業に従事している若きエリートたちを軽井沢に集めて特別ゼミを開いていたことがあり、その中心教材としてカーライルの『衣服哲学』が取り上げられていたのだった。李登輝は、すでに黄色く変色した「講義録」を手にしたとき、思わず飛び上がって喜んだと、そのときのことを昨日のように話す。私も研究社から出版されている同じ本を古書で入手したが、さすがに日本語訳とはいえその内容の難解さに辟易した覚えがある。李登輝はその講義録を何度も読み返しているうちに、原書では十分に咀嚼しきれなかった「永遠の否定」から「永遠の肯定」への昇華を明確に理解していくことができたと語る。懇切丁寧な講義録を精読することにより、李登輝が少年時代から常に見つめ続けてきた自分の内面にある「人間はなぜ死ぬのか」「生きるとはどういうことなのか」という「メメント・モリ」、つまり死生観に対する苦悩が氷解していったというのだ。李登輝が新渡戸稲造という日本人の偉大さに心底感服した瞬間だった。

台北高等学校を卒業したあとの大学進学を考えなければならなかった時期、李登輝は、新渡戸の農業経済学における論文をはじめ、あらゆる著書や論文を洗いざらい読み込んでいた。その過程でやはり出逢ったのが『ＢＵＳＨＩＤＯ』だった。この出会いは決定的だったのだろう、李登輝はよりいっそう新渡戸に心服するようになり、かつて新渡戸が専攻していた「農業経済学」という新しい学問分野を究めてみたいと望んだことが、進学先を京都帝国大学農学部農林経済学科と決めた大きな理由となった。

「日本人は如何にして道徳教育を施しているのか」という問いに答えるかたちで日本人の精神を解き明かした『ＢＵＳＨＩＤＯ』の著者が、その一方で、西洋哲学の大家による難解な哲学書を解き明かしていることに大きな度量の深さを感じ、まさに「国際人」として新渡戸が持つ世界の広さに感銘を受けた、とのちに李登輝は『ＢＵＳＨＩＤＯ』を初めて読んだときの衝撃を語っている。その意味で、李登輝にとって後藤新平が「政治の先生」であるならば、新渡戸稲造は「人生の先生である」と言うのである。

娘二人とともに訪日

二〇一四年九月、李登輝は関西国際空港に降り立った。二〇〇七年から三年連続で訪日したものの、そこから五年間は機会がなかった。というよりは「おくのほそ道」散策の後半を辿るとか、台湾少年工の里帰り記念式典に出席するなど、計画が進められたこともあったのだが、体調を崩したりして頓挫してしまったのだ。

このときの訪日で、初めて実現したことがあった。愛娘二人を連れての日本行きである。一九四五年、台湾は日本の統治を離れた。李登輝も京都帝国大学での学業半ばで台湾に戻ることを余儀なくされたのである。その後、台湾大学に編入学し、農業経済学者としての道を歩み始めたことで、視察や研究の一環で日本を何度か訪れたことはあった。

一人息子の李憲文《りけんぶん》が綴った文章にも、日本へ出張した父親が「最新のグラスファイバーの釣り竿を買ってきてくれる約束になっていた。タラップを降りてきた父の手に細長い包み紙があるのを見て、預け荷物にせず、自らの手で息子へのお土産を持ってきた父の愛情を感じた」と書かれている。

しかし、家族を連れて日本へ旅行に行く機会は訪れなかった。現在でもそうだが、台湾の現職総統は日本訪問が不可能だ。そのため、総統に就任する前、最後に日本を訪問したのは副総統だった一九八五年のこと。国交がないながらも関係が良好だった南米のウルグアイで大統領就任式典に出席した帰途、東京でトランジットしたのだった。

余談だが、このとき、李登輝は初めて中嶋嶺雄・東京外国語大学教授（当時）と会っている。中嶋が書いた『北京烈烈─文化大革命とは何であったか』（講談社学術文庫）などの書籍を読んだ李登輝が、「これほど中国を鋭く観察している学者が日本にいるのか」と感嘆し、面会を申し入れたという。

自民党議員との晩餐会のあと、ホテルオークラの一室で会った二人は深夜まで話し込み、中嶋は後に日本における李登輝の最も親しい友人のひとりとして「アジア・オープン・フォーラム」を開催、二〇〇七年の「おくのほそ道」散策をお膳立てするなどして李登輝の対日交流を支えた。

東日本大震災をきっかけに日本が変わった

話を戻そう。二〇一四年の訪日は「日本李登輝友の会」による招請だった。大阪と東京での二度の講演に加え、李登輝自身にとって初めて北海道の地を踏むこともスケジュールに組み込まれた。李登輝夫妻に同行したのは、長女の李安娜《りあんな》と次女の李安妮《りあんに》だった。

講演で李登輝は「本日、会場には、家内と二人の娘も来ております。日本へ行くことを決めたとき、娘たちから『これほど日本と縁の深い父親なのに、一緒に日本へ行ったことが一度もない』ということで、九一歳になって初めて娘たちを連れて日本へ参ったわけです」と話し、立ち上がって挨拶する家族に会場からも大きな拍手が贈られた。

翌二〇一五年七月、国会議員会館での講演を要請された李登輝は再び東京へ赴く。やはり長女と次女夫妻、孫娘の李坤儀《りこんぎ》らを引き連れての訪日だった。このときは、日本と台湾（中華民国）が一九七二年に国交断絶して以降、台湾の総統経験者として史上初めて日本の国会においての講演が実現したのだった（写真16）。

国交断絶以来、日本は幾度となく中国におもねり、台湾を軽んじる場面があった。李登輝自身、総統退任直後は訪日ビザが発給されず「日本外務省の肝っ玉はネズミより小さい」と不満を顕《あらわ》にしたことさえあったのだ。しかし、日本は変わりつつあった。正式な外交関係はないものの、台湾を中国とは別個の存在として尊重し、中国に対して過度に配慮することは世論が許さない空気が生まれていたのだ。

ここでは多くを書かないが、それには東日本大震災で台湾から有形無形の大きな支援が贈られたこと、それがネットを通じて広く知られたこと、中国寄りのメディアに対しやはりネット上で批判的な声が大きくなったことなどが挙げられるだろう。

このとき、李登輝の胸中には、台湾人の総統が日本の国会で講演する時代がやっと来た、という感慨と同時に、そのハレの場に家族を伴いたいという誇りのようなものがあったのかもしれない。

李登輝の北京語は、どうしてめちゃくちゃなのか

李登輝夫妻はともに、母語は日本語といって差し支えないだろう。有名なフレーズだが、李登輝はたびたび「私は二二歳まで日本人だった」と言う。それは裏を返せば、李登輝や曽文恵夫人の中国語はその年齢になってから学び始めた言語だということだ。

現役総統の時代、李登輝が話す中国語をメディアはたびたび批判した。当時のことを、同じ日本語世代の父親を持つ映画監督の呉念真《ごねんしん》は次のように語っている。

「李登輝が総統になって間もなく、記者を務める、私の多くの外省人の友人たちは新聞でこう言い始めました。『李登輝の北京語は、どうしてあんなにめちゃくちゃなのか』と。それは彼の文法が北京語の文法とはだいぶかけ離れていたからです。例えば、先に話すべきところを後にし、後にしゃべるべきところを先にするといった具合です。そのため記者

らは毎日、『北京語がどうしてこうなるんだ』と罵ったわけです。

そのとき私は突然分かったのです。『なるほど、私の義理の父がしゃべっている北京語もまったく同じだ』と。義理の父は早稲田卒ですが、北京語はめちゃくちゃな表現がほとんどです。それは日本語が教育上の言語で、母語が台湾語である彼らにとって、北京語は外国語だからです。

ゆえに李登輝は記者から北京語で質問されると、必ずそれを日本語に訳し、日本語で質問の意味を理解してから、日本語で回答を考え、そしてそれを北京語に訳して返答していたのです。

（中略）若い外省人の記者らは、彼らの歴史的背景に立ち入ってそれを理解したことがないわけです。彼らは、この人たちが生まれてからずっと日本教育を受けたということを見逃していました。一夜にして中国人にならなければならなかったことを見逃していました」（二〇〇五年、呉氏が日本で行った講演から）

二二、三歳から中国語を習い始めた、ということは私と似たり寄ったりである。仕事でよく顔を合わせる総統SPのひとりに言われたことがある。

「おまえの中国語はラオパンの中国語によく似てる。なんだか外国人が話すような表現がしょっちゅう出てくる」

よくよく尋ねてみると、意味は通じるが、語順が違ったり、日常ではあまり使わない言いまわしが出てきたりして、なんとなく台湾人っぽくない表現がところどころにあるそうだ。そうは言っても、私も李登輝も、生まれたときからではなく後に学んだ言語なのだから仕方がない。

なぜ、娘たちに日本語を学ばせなかったのか

そんな李登輝夫妻だが、実は二人の娘は日本語が話せないし、日本留学をしたことはない。もちろん、多少の日本語は解するが、台湾の知識人の水準から言えば標準レベルだろう。二〇一四年の訪日時、同行した台湾メディアが「それぞれの日本語力は？」と姉妹に聞いた。姉の安娜が「小さい頃から、家庭内で両親の日本語はよく耳にしていたから、習ったことはないけれども三〇パーセントくらいは分かる」と答えたのに対し、妹の安妮は「聞く力は二〇パーセント」くらい、と答えている。

そう聞くと、私でなくとも、ＮＨＫニュースを見て、『文藝春秋』を愛読するような夫

妻の子どもたちが、なぜ誰も日本語が使えたり、日本へ留学したりすることがなかったのか、と疑問に思うだろう。

以前、一度か二度、世間話のついでに「どうしてお子さん方に日本語を学ばせるとか、日本へ留学させるということを考えなかったのですか」と李登輝に尋ねたことがある。ちょっと困ったような笑顔で李登輝は「子どもたちが何を勉強しようが、うちは自由なんだ。親がいくら日本との関わりが深いといっても、それを子どもたちに強制することはなかったよ。それだけのことだ」と、いつも多弁な李登輝にしては言葉少なに答えたのがかえって印象的だった。

これは私の推測だが、この答えの半分は正解だが、もう半分の表には出さない答えがあるのではないかと思う。子どもの自由な選択に任せる一方で、やはり台湾の戦後に暗い影を落とした「白色恐怖」が、無意識のうちに李家から日本を遠ざけていたのではあるまいか。

当時の台湾では日本語はご法度であった。戦後に始まった日本語禁止令が、一九八〇年代後半に解禁になるまで、日本語を公の場で話すことはもちろん、観光客などが日本語の新聞や雑誌、書籍を台湾へ持ち込むことも禁止されていた。ましてや日本統治時代、帝国陸軍少尉として戦った李登輝は「スネに傷あり」の身なのだ。子どもたちの自主性を尊重するという両親の教育方針と、日本語を学んだり使ったりすることで、子どもたちの身に災難が降りかかることを回避しようという意識が、知らぬ間に働いていたのではないだろうか。

余談だが、李登輝夫妻の子どもたちが学生生活を送っていた時代、台湾では大学で日本語を学べるところは限られていた。私立の文化大学や淡江《たんこう》大学に「東方語言学科」という名で、あたかも世を憚るように設置されていた程度だった。国立の台湾大学に初めて日本語学科が開設されたのは、民主化後の一九九四年のことである。

実際、李登輝自身でさえ、戦後の二度の留学はアメリカだった。修士課程を学んだのはアイオワ州立大学だったし、ロックフェラー財団の支援で博士号を取得したのはコーネル大学だ。このときのことを李登輝は「二度のアメリカ留学は『実務的な訓練だった』」と語っている。これは精神的な基礎を形作ったのは日本教育であり、戦後の米国留学は純粋な研究面での教育だったことを、李登輝自身も認識していることを示唆している。

自主性を重んじられ、自分の学びたいものを尊重してくれる両親のもと、娘たちはそれぞれ英米での教育を選択した。姉の安娜は現在、台中でアメリカンスクールの理事長として切り盛りしているし、妹の安妮は英ニューキャッスル大学で社会政策の博士号を取得した。現在はシンクタンクの研究者として勤務する一方、政治の世界にも携わっている。父親と同じような道を歩んでいるのは妹のほうと言えるだろうか。

三二歳の若さで亡くなった長男

李登輝夫妻の最愛の息子、李憲文についても触れておかなければならないだろう。憲文はきょうだいの一番上であり、唯一の息子だった。長じた二人の妹たちがあまり日本語を解さないのに対し、憲文はかなり日本語を身につけていたようだ。文化大学を卒業し、新聞記者として働くかたわら、日本への旅行で見つけた『権力複合態の理論─少数者支配と多数者支配』(原田鋼著、有斐閣)の中国語版を翻訳出版している。

憲文は同級生と結婚した三年後、一九八二年にガンで三二歳の若さで亡くなっている。一人娘の坤儀はまだ七ヶ月だった。当時、省主席だった李登輝は、息子の亡骸をストレッチャーに乗せると「冷たいだろうから」と、自ら抱いて運んだという。

息子が闘病生活を送っていたものの、その間、父李登輝は省主席としての任務も全うしなければならない。特に、答弁では何人もの省議員から突き上げを喰らう激務であった。後年、週刊誌の報道で「当時、少しでも息子のそばにいてやりたい李登輝に対し、一部の議員が嫌がらせのためにいつまでも質問をやめないことがあった」とも報じられた。このことについて問われても李登輝は「もう終わったことだ」と答えなかったという。

そばにいる私たちでも、李登輝夫妻に亡き息子のことを尋ねるのは憚られる。ときおり自ら、来客に対して「鼻腔ガンだった。今だったら完治させられるだろうけど、当時の医学では太刀打ちできなかった」などと話すのみだ。

みんなガンでやられてしまった

政治家・李登輝の信念は「民之所欲、長在我心」である。一九九五年、現役の台湾総統として訪米した際、母校コーネル大学での講演タイトルにも使われた。つまり、国民が何を求めているかを常に心に留めておかなければならない、という意味だ。

二〇一五年七月、李登輝は国会議員会館での講演を要請され、日本を訪問した。東京での講演を終えたあとは、仙台へ向かう日程を組んだ。二〇〇七年に訪日して「おくのほそ道」をたどる旅をした際、松島の瑞巌寺で李登輝夫妻が詠んだ俳句を刻んだ記念碑が建立されたからだ。

日程の草案を李登輝に見せたところ、やおら「東京から仙台までは新幹線か。ちょっと郡山に寄って病院を見られないか」と尋ねられた。もちろん東北新幹線は郡山を通過する。私は「行けます。調整します」と即答していた。

この問答だけでは、読者の皆さんは何が何やら分からないだろう。背景はこうだ。

二〇一一年の秋、李登輝が定期健診を受けたところ、大腸ガンが見つかった。医師団は、九〇歳近い李登輝の年齢や体力を考え、開腹手術を懸念していた。しかし、医師団との話し合いのなかで、李登輝は「ガンを完全に取り去るには開腹手術しかない、ということであれば躊躇《ためら》わずに手術していただいて結構だ。患者の私が同意しているのだから何かあっても心配しないでやってくれ」と押し切ったそうだ。

結果、手術は大成功。開腹手術をしたからこそ、ガンを根治させられたのだろう。

順調に回復した李登輝だったが、あるときのこと。月刊誌に依頼されたインタビュー原稿に使う写真を選ぶために、いくつかの候補を持っていくと、李登輝は一枚の写真に目を留めた。それは、青年時代の李登輝と家族の集合写真だった(写真08)。台北高等学校を卒業し、京都帝国大学に内地留学のため出発する直前に撮ったものだった。

「ここに八人いるだろう。両親とお祖父さん、兄貴と嫁さん、そして兄貴の子どもたち。このなかで生きているのは私だけ。みんなガンでやられてしまった」

台湾でも日本と同じく、死亡原因の一位をガンが占めている。あまつさえ、李登輝夫妻は愛する長男を鼻腔ガンで失っている。李登輝も自身がガンに侵されて以来ずっと、こうした台湾の実情をどうにかしなければならないと考えていたようだ。そんな李登輝だから、退任総統の医療顧問を務める病院の先生方とも密に情報交換をしたのだろう。日本で現在治験段階にある、ホウ素中性子捕捉療法（BNCT）や、すでに実用段階にある陽子線や重粒子線などの治療設備が、台湾ではまだ整備されていないことが判明した。

もちろん台湾でも大規模な病院では、これらの設備の導入を検討していたのだが、数十億といわれる資金面がネックとなり、当時はまだいつ実現するのか不明の段階であった。

「台湾の人々がガンになったらどうするのか。お金がある人は日本に行って治療を受けることができるかもしれないが、それには何百万もかかる。その余裕がない人はどうするのか。貧しさゆえに死なねばならないのか」

まさに現役総統の当時と変わらず「常に国家のことを、国民のことを、頭の片隅に置いておかなければならない」をモットーとする李登輝の行動力によって、たちまちに日本における最先端のガン治療に関する情報が集められた。李登輝の親友で、当時参議院議員だった江口克彦氏にも協力を仰ぎ、筑波大学の有力な研究者を招いてレクチャーしてもらうこともあった。

当時の主だった大病院の「日本の最先端ガン治療設備をなんとか台湾に導入したい」という願いと、李登輝の「台湾の人々がそこそこの経済的負担で最新のガン治療を受けられる環境をもたらしたい」という行動力がうまい具合に嚙み合い、歯車がまわり始めたのである。

医師も驚くほどの知識

二〇一五年の訪日はそんなさなかのことだった。福島県郡山市にある「総合南東北病院」では、すでにホウ素中性子捕捉療法の治療設備が備えられ、実際の治療に向けての準備が進められていることを、李登輝や私は、資料や京都大学の研究者から聞くなどして知っていた。

そこで、李登輝自身「実際にＢＮＣＴの設備を見てみたい」ということで「郡山に寄れないか」という先の一言が飛び出したのだ。前述の江口氏の協力もあり、この総合南東北病院訪問は実現した。

病院側が準備してくれた午餐会の席上、李登輝は家族八人で写った写真の拡大コピーを手に挨拶に立ち、「どうにかして、台湾の死亡率第一位のガンを減らしたいという思いを常に持っていたところ、ＢＮＣＴという最先端の治療方法が日本で完成されつつあることを聞き、将来ぜひとも台湾へ導入したいと考えたわけです。（中略）実際にＢＮＣＴの機械を見るのは今日が初めてですので、非常に楽しみにして参りました」と述べている。

視察に入った李登輝は、病院側の説明に耳を傾け、疑問に思ったところは熱心に質問していた。何より、医師も驚くほどの知識を身につけて視察に訪れたことに、病院側も心底びっくりしている様子だった。視察を終えると、地元のテレビや新聞からも質問が飛んだが、私は新幹線の時間が迫っていたこともあって、冷や汗を流しながらそばに立っていたことを思い出す。実際に最新鋭の設備を見学し、治療の利点や今後クリアすべき課題などを徹底的に聞き取った李登輝は、非常に満足そうだった。仙台へ向かう新幹線のなかで「寄って良かったたな」とご満悦だった。

それから数年が経ち、現在では、すでに台湾の複数の病院に重粒子線治療設備など最先端のものが導入されている。李登輝の国民に対する思いが、現実の成果となって結実したひとつの例である。

私が実験台になろう

李登輝が医学に関心を寄せ、突破口を開いた例がもうひとつある。夫人の曽文恵が原因不明の「めまい」に侵されたときだ。

二〇〇四年の年末、李登輝夫妻は孫娘ら家族とともに日本を訪れることになっていた。退任してから二度目の訪日である。このときは、名古屋空港から入り、金沢や京都をめぐる予定だったが、訪問を間近に控えた頃に、曽文恵がめまいで体調を崩したのである。

病院でさまざまな検査をしても原因が分からない。身体のどこも「異常なし」と診断されながら、めまいは止まず、不安を抱えながら出発のときが迫っていた。そんなある日、愛読する『文藝春秋』に『めまいは治せる！』という本の広告が掲載されていた。藁にもすがる思いで、李登輝夫妻は「日本へ行ったらまずこの本を求めよう」と話し合ったそうだ。

案の定、京都滞在中にめまいが出てしまい、後半のスケジュールを一部キャンセルするなど、曽文恵にとっては心残りの旅になってしまったが、日本で書籍を買い求めることができた。著者の七戸《しちのへ》満雄医師によれば、原因はヘルペスのウイルスだという。これには、ゾビラックスという抗ウイルス剤を投与して治療するのだが、台湾の医師団は疑心暗鬼で、さらにはこの抗ウイルス剤を服用しすぎるとかえって副作用が起きる、と二の足を踏んでいたそうだ。しかしここで夫である李登輝が言った。

「あらゆる検査をしても異常がないというのなら、この七戸先生の主張に賭けてみようじゃないか」

敬虔なキリスト教徒である夫妻は、困難に直面したときいつもするように、聖書をおみくじのように当てずっぽうに開き、そこに書かれている言葉を読んだ。

「静かにしているならば救われる。安らかに信頼していることにこそ力がある」

（旧約聖書イザヤ書第三〇章一五節）

曽文恵によれば、この言葉を目にしたことで、逆に「私が実験台になろう」という気持ちになったのだという。もし同じように苦しんでいる人がいたら、私が実験台になることで救えるのではないかと考えたそうだ。

結局、李登輝夫妻の決意によって、医師団も投薬に同意した。投薬は一日五回、飲む順番もあって、非常に複雑だったようだが、二週間もするとめまいが消え、自由に動きまわれるようになった。その後、李登輝は「台湾にはおそらくほかにもめまいで苦しんでいる人がいるだろう」と考え、退任総統の医療顧問団がある栄民総合病院に、この問題を研究するためのチームを発足させた。さらには、この年の台湾医学会に七戸医師を招いて講演をしてもらっている。

余談だが、二〇一四年に訪日した際、李登輝は初めて北海道を訪れた。台湾の農業に大きく貢献した新渡戸稲造や磯永吉《いそえいきち》が学んだ北海道の地を見てみたいという思いからだった。このとき、曽文恵のめまいを治した七戸医師が家族とともにホテルを訪問してくれ、李登輝夫妻とも旧交を温めた。

実は札幌訪問のスケジュールが決まったとき、李登輝夫妻が真っ先に「札幌には七戸先生がいるなぁ。ぜひお会いしてあのときの御礼をもう一度言わなきゃなぁ」と言われたので、私から連絡を差し上げたところ、快諾していただいたのだ。もちろんあれ以来、曽文恵のめまいは再発していない。

ガン治療、めまい治療の二つを例として取り上げ、李登輝が台湾の医療の前進にまで大きく貢献してきたことを述べたが、その根底にあるのは確固たるいくつかの信念だ。

多少表現が異なるが「国民が何を求めているか、常に心に留めておかなければならない」あるいは「最高指導者たるもの、常に国家と国民を頭の片隅に置いておかなければならない」といった、李登輝がことあるごとに言う指導者の心得が、例に挙げた医療の面において成果を上げたということだろう。

民を思う心、信念、そして「私たちが実験台になろう」と決意した李登輝夫妻の信仰が、結果的に台湾の医療の前進と人々の健康に寄与したのである。

日本の教養をまとった李登輝夫人の素顔

夫人の曽文恵は、言うまでもなく李登輝の人生を語るうえで欠かすことのできないパートナーだ。二人は一九四九年二月九日に結婚、二〇一九年に七〇周年を迎えた。

曽文恵は李登輝と同じく、台北北部の淡水郊外にある三芝の生まれだ。ともに素封家として地元で知られた李家と曽家だったから、李登輝と三つ年下の曽文恵は半ば許嫁のような関係で育った。

李登輝が日本統治時代の教育を評価して「日本が理想的な日本人を作ろうとしてでき上がったのが、李登輝という人間だ」と自負するように、曽文恵もまた同じ教育環境のなかで育った。私から見れば、李登輝が日本精神を体現した人物だというならば、曽文恵は古き良き日本の女性に求められてきた教養や立ち居振る舞いを身につけた人だと感じる。そんな李登輝夫人の素顔が垣間見えるエピソードをいくつか紹介したい。

二〇一四年の訪日の際、大阪から東京までの移動は新幹線を利用した。東京でお会いすることが決まっている李登輝の親友、葛西敬之《かさいよしゆき》・JR東海名誉会長（当時）に敬意を払ってのことだ。

実を言うと、李登輝が訪日して移動する際には、大きな荷物が伴う。身のまわりのものだけでなく、お会いする方々に差し上げる贈答品などを台湾から持っていかなければならないし、反対にお土産としていただくものも少なくないからだ。

訪日のスケジュールを調整する責任者の私としては、飛行機のほうが多少楽なので（空港で預けてしまえば、到着地で受け取るだけ)、航空機利用を考えていたのだが、スケジュール草案を見せたところ「今回は葛西さんにも会うだろう。せっかくだから新幹線に乗って東京に行こうじゃないか」という一声で決まったのだ。常に相手のことを重んじ、どうすれば喜んでもらえるかを考えている李登輝らしい判断だった。

そして新幹線に乗車中のこと。私は李登輝夫妻と通路を挟んで斜め後ろに座っていたのだが、ふと見ると曽文恵が一心不乱に何かを指折り数えている。見ていると、何かをつぶやいては指折り数え、手元のメモ帳に書き付けている。なるほど、久しぶりの日本旅行の思い出を和歌に詠んでいたのだ。二〇〇九年に訪日したきりの李登輝夫妻には五年間、日本を訪れる機会がなかった。久しぶりに家族も交えて訪れた日本の風景や気持ちを和歌に綴ったに違いなかった。

ホテルの客室へ入り一段落したあと、私は尋ねた。

「奥様、さっき和歌を詠んでらっしゃったでしょう。いかがでしたか?」

私としては作品をちょっと見せていただきたいという思いも込めて尋ねたつもりだったのだが、曽文恵に先まわりして答えられてしまった。

「あら、早川さん見てたの(笑)。なかなか上手に詠めなくてまだお見せできないわよ」

日本統治の時代、和歌を詠むことはひとつの教養の証だった。特に良家の子女たる曽文恵にとっては、身につけるべき当然の教養であっただろう。

現在の私たちから見れば奇異に感じるかもしれないが、台湾で接してきた日本語族の人々のなかには「三十一文字《みそひともじ》でこそ自分の感情というものをピタッと表現できる」「和歌じゃないと自分の思いを伝えられないんだよ」と話す人たちが少なくない。台湾の歌人の集いである「台湾歌壇」の代表を長らく務め、私のことを可愛がってくれた蔡焜燦《さいこんさん》しかり、日本時代の台北第三高等女学校（現在の台北市立中山女子高級中学）で曽文恵の後輩である阮美《げんみ》姝《す》もそうだった。彼女の家の玄関には曽文恵から贈られた歌が額装して飾られていた。

残念ながら、この二〇一四年の訪日時の作品を見せてもらうことはできなかった。しかし、自宅には曽文恵の作品が飾られているので、その思いの一端を垣間見ることができる。母親らしく、どれも教育やしつけに関するものが多い。また、やはり台湾人らしく、台湾の将来を憂え、台湾の安定を願う歌もある。

幻のゴルフ本

二〇一四年の訪日については、こんなエピソードもある。

訪日する直前のことだった。五年ぶりの日本である。このときの予定は七日間の長丁場だった。李登輝は当時すでに九〇歳を超えていたから、なるべくゆったりした日程にして疲れが出ないようにと配慮したものにし、健康にも万全を期して日本へ出かけるはずだった。

ところが出発の一週間ほど前に、自宅に詰めている秘書が慌てて電話してきた。李登輝に付き添って今から病院へ行く、というのだ。何ごとかと思って聞くと、ゴルフのさなかに腰を痛めてしまったのだという。

李登輝は大のゴルフ好きだ。父親を亡くした孫娘のためにタバコをやめ、公務で忙しい日々ではこれといった趣味を持つことも出来ない。米国留学中に覚えたゴルフが、李登輝夫妻にとって唯一の息抜きになっていたのである(写真22)。

このときは確か数ヶ月ぶりという久しぶりのゴルフだった。高齢になると、誰かと一緒にコースをまわるというより、健康維持やストレス解消のために自分のペースである程度のホール数を打ってまわるだけが常だった。桃園市大渓にある本宅に隣接するお気に入りのコースへ出て、ハーフコースを打って散歩代わりに戻ってくるのである。

付いていった秘書いわく、一緒にまわった数人のキャディさんが、李登輝をはやし立てたらしい。ドライバーで打つたびに「キャー総統すごい！」「お年を召してもドライバーの飛距離が出ますね！」などと黄色い声を上げて李登輝をノセてしまった。

そこで、腰に負担のかかるティーショットをドライバーで何度も打ったものだから「グキッ」と来た。途中でプレーをやめて帰宅したものの、腰が痛くて起き上がれない。横になっても痛みでウンウンうなるような有様で病院へ急行したというわけだ。

結果的に、このときは大事に至らずに済み、訪日も無事に実現したのだが、以来李登輝はゴルフをやめてしまった。自戒したというよりは、腰痛がひどくなって出来なくなってしまったようだ。

実はこの大渓の自宅には「ゴルフ部屋」がある。一坪ほどの部屋だが、なかにはゴルフ道具がところ狭しと並べられている。以前、日本の週刊誌が取材に来たときも、李登輝は自慢げにこのゴルフ部屋を案内し、お気に入りの道具を見せてくれたり、求めに応じてパターを打つ姿を披露している。

もちろん、ゴルフがときに「政治の道具」と言われるように、李登輝も訪台した米国のブッシュ（父）元大統領やカーター元大統領とゴルフを通じて親交を深めたり、タイガー・ウッズとラウンドしたこともあった。

それほどまでにゴルフを愛した李登輝だったから、一時期は「ゴルフの本を出そうと思ってる。あんた手伝ってくれないか」と本気で言っていたことがあった。日本や日本人に向けての提言をまとめた書籍の原稿が完成し、一段落したころを見計らって、ゴルフ本を出すために出版社探しまでしたことがある。ただ、のちに李登輝自身が忙しくなってしまいこのゴルフ本の企画は立ち消えになってしまった。

学者出身の李登輝が書く緻密なゴルフ論になっていただろうし、台湾の元総統が出したゴルフ本として、それはまた面白いものになっていたのではないか思うと、実現させられなかったのが少し残念に思うこともある。

「家財」を売って「本」を買う

話をもとに戻そう。こんな日本の古き良き教養をまとった曽文恵であるから、夫たる李登輝を陰に日向に支えてきたことは想像に難くない。

李登輝夫妻が結婚したとき、李登輝は台湾大学の助手で、曽文恵は台湾銀行勤務だったものの、結婚を機に退職していた。若い新婚家庭は何かと物入りである。加えて、戦争が終わり日本の統治を離れて数年。インフレもあり、高価な買い物は決して容易ではなかった。そんなとき、曽文恵は李登輝が高価な書籍を買いたいものの手が出ないことを知る。統計学に関わる辞典のようなもので、農業経済学を研究する李登輝にとってはぜひとも手元に置きたい一冊だったようだ。

それまでも若者の貧乏所帯ゆえ、曽文恵は実家から持ってきていた宝石や着物を少しずつ米やお金に換えて生活を支えていた。しかし、夫の研究に役立つのなら、と一大決心をする。手元にあった宝石などを一挙に手放し、夫が欲しがっていた辞典の費用に充てたそうだ。

「私の母が『学者にとって必要な本は時機を逃したら意味がない。今すぐ買うように』とアドバイスしてくれたから思い切って買ったのよ」と、曽文恵は昔の思い出話の折に話してくれた。

手作りデザートで蒋経国をもてなす

一九七八年、李登輝は台北市長に任ぜられた。当時は市民が選挙で市長を選ぶのではなく、中央政府の派遣によるものだった。国民党の独裁時代、総統の蒋経国による大抜擢である。

もちろん、蒋経国は李登輝の能力を高く評価していたわけだが、その陰にも曽文恵の献身的な支えがあった。蒋経国は自分が李登輝を台北市長に抜擢したものの、現実の政治経験に乏しい李登輝のことが心配だったらしい。市長就任直後、夕方になるとよく市長官邸にやって来ては、応接間のソファで李登輝が帰宅するのを待ち構え、どんな政策を進めているのか、どんな問題があってそれをどう処理しているのかを聞いては官邸を後にしたのだという。

蒋経国がやってくると、曽文恵は、ツバメの巣（中華料理に使われる高級食材）を上手にデザートに仕立て、蒋経国に供した。それを食べた蒋経国は「こんなにうまくツバメの巣をデザートにしたものは初めてだ」と手放しの喜びようで大満足し、李登輝が帰宅すると市政報告を聞いてから帰るのが常だったそうだ。これもまた、曽文恵のおしゃべりのお相手をした際に聞かせてくれたエピソードである。

「いくら主人が市長だからといって、私がしゃしゃり出て蒋経国さんとお話しなんかできないもの。『甘いものをお持ちしますから』といえば台所に逃げられるし、食べている間はおしゃべりしなくても済むでしょう?」と、少女のような笑顔で教えてくれるのである。

年々減り続ける日本語族

ソファに座りNHKニュースを眺めている曽文恵のとなりで、李登輝が届いたばかりの『文藝春秋』を読んでいる。まぎれもなく二人とも台湾人である。この夫妻のような、台湾に残る日本語族は高齢化により年々減り続けており、いつかは神話となるだろう。

これほどまでに李登輝や曽文恵が日本の精神や教養、価値観を現在まで持ち続け、さらに評価してくれていることに、私たちはもっと注目すべきだろう。李登輝夫妻のみならず、日本時代を経験した多くの台湾人も同様の評価を口にしている。もちろん、日本による台湾統治が良いことづくめであったと言うことはできない。台湾人に対する差別もあったし、職業選択の自由に乏しかったことも事実だ。

しかし、歴史には必ず光と陰が存在するように、台湾の人々はプラスの面とマイナスの面を比較衡量しつつ、「悪いこともちろんあったが、でも良いことのほうが多かった」と公平な評価を下してくれているのではあるまいか。

「台湾を植民地化し、台湾人に日本教育を強要した」と近視眼的な見方で断罪するのはたやすい。しかし、李登輝や曽文恵のように「日本の教育、文化、精神は素晴らしい」と評価してくれる人たちの声にもう一度、私たち日本人は耳を傾けるべきではなかろうか。

李登輝と芸術

この章の最後に、李登輝の芸術的なものへの関心について書いてみたい。美術については、もともと少年時代には画家になろうと思っていたと言うくらいだから、そこそこの腕前なのだろう。ただ、私は李登輝が絵を描いているところを見たことはないし、作品を見せてもらったこともない。学問や政治の世界に入って、絵を描くことはやめてしまったようだ。絵画自体は好きなようで、自分と孫娘が淡水対岸の観音山に登ったときの写真をモチーフに油絵に仕上げてもらったり、生家である「源興居」には水彩画やキリスト教の信仰をテーマにした絵をリビングに掛けていたりする。

文学はというと「若いときにはよく読んだが、今はもう読まない」という。岩波文庫に入っていたゲーテやドストエフスキー、トルストイなどのいわゆる「文学作品」については読んだこともあるし、内容もよく覚えているが、学問の世界に入ってからは専門書に囲まれるばかりの生活になったからだそうだ。小説などにはまったく関心がないらしく、ここ最近の小説のことなどはおそらくほとんど知らないのではないだろうか。

あるとき百田尚樹氏の『永遠の0《ゼロ》』が台湾の日本語族の間でも流行ったことがあった。夫人も、女学校時代の同級生から「とても良かった」と聞かされてさっそく台北の紀伊國屋で買って読んでいた。『永遠の0』は、戦時中の戦闘機乗りだった祖父の足跡を孫たちがたどる物語だが、国のために命を捧げるのが当然だった戦時下の日本で、祖父は、ある者からは「何よりも命を惜しむ男だった」と軽蔑され、ある者からは「生きるということを教えてもらった」と慕われた、謎めいた人物だった。

その頃は連日のように日本からの表敬訪問が続き、私は三日にあげず李登輝の自宅へ通っていたが、そのたびに夫人は『永遠の0』の話題を持ち出した。まさにあの時代を生きてきた夫人にとっては、自分の人生と重なる部分が大きいわけだから、自ずと作品に惹かれようというものだろう。ただ、夫人は不満そうに言う。「主人はね、良い本だから読んでみなさいよって言ってるのに手にも取らないのよ」。

すると李登輝は「私は本当の戦争っていうのに行ってきたんだ。そんな本なんか読まなくたって本当の戦争のことは分かってる」と不機嫌そうに言うのだった。東京大空襲さえ経験した李登輝だから、小説ごときを読んで戦争たるものを分かった気になられるのは不満だったのではないだろうか。

音楽については「オペラ狂い」と言われるほどの夫人の影響があったかもしれない。桃園市にある本宅の地下の半分は李登輝が言うところの「私の図書館」だが、もう半分は夫人が買い集めたオペラのレーザーディスクやＤＶＤとシアターセットが置かれた「シアタールーム」になっている。夫人がひとり鑑賞していると、いつの間にやら夜中の二時三時になることもあるそうだ。

またこの部屋の壁面には、実は色とりどりのグラスが飾られている。夫人が少しずつ買い集めたもので、チェコのグラスや日本の切子のガラスが大のお気に入りだ。なかには本場チェコで買ったものや、日本の友人から贈られたものもあり、色とりどりのガラスが目を楽しませてくれる。

チェコといえば、共産主義体制から血を流さない「ビロード革命」によって民主主義へと転換した国家として、台湾とも共通項が多い。ビロード革命を主導した、ハヴェル大統領と李登輝も親交を結んでおり、総統退任後は夫妻でチェコを訪れてもいる。

李登輝と文化事業

李登輝の芸術や音楽への造詣を偲ばせるエピソードがある。台北市長在任時に進めた改革では、ダムの建設や下水道の整備、さらに建築物の現代化などのインフラ関連のものだけでなく、出版業を奨励するとともに、図書館の充実にも予算を割いた。

芸術面での大きな功績は、台北の文化活動が多元化されたことだった。国民党の独裁政権下では、文化教育には中国五〇〇〇年の歴史や伝統が常に付きまとい、数百年の台湾文化はそれこそ付録の扱いだった。李登輝は、文化や芸術が持つ重要性に気付いており、特に音楽に造詣の深い夫人にも相談した。夫人は「文化政策を進めるには日本のＮＨＫのやり方を参考にするのが良い」と夫にアドバイスしたそうだ。一九八〇年代、ＮＨＫが扱うプログラムの内容は、日本文化に限らず、オペラ、バレエ、ダンス、ミュージカルなど、かなり多岐にわたっていたからである。

台北市政府は国父記念館前広場で大規模な芸術プログラムを開催した。プログラムにはダンスや歌、オペラも含まれており、市民からは大好評だったという。ほかにも年に一度、台北芸術フェスティバルを開催し、李登輝自らグノー作曲のオペラ『ファウスト』の制作を手伝った。李登輝は、文化が人々の生活と直接連結するもので、ひとつの文化や意識形態を押しつけられるのではなく、各自が好みによって自由に選択するのが本来の姿だと感じていたのである。そして、政府も開放政策に転換して多様な文化を受け入れ、勇躍発展に努めるべきだと主張し続けた。

また台湾文化に限らず、世界各国から多様な文化を受け入れることで、中国の伝統に背を向けていると謗《そし》られるのを避ける意味合いもあった。こうした市長当時の李登輝の文化や芸術面に対する貢献は、現在も語り継がれている。

第四章

日本と台湾、東アジアの未来

私は理想的な「日本人」として作り上げられた男

「あの当時の日本が、理想的な日本人を作ろうとして、作り上げたのがこの李登輝という人間なんだ」

この本で何度も紹介している、李登輝の印象深いセリフだ。総統として台湾の民主化を成し遂げた人物が、臆面もなくこう断言することに衝撃を受けた人も多いだろう。

そばで見ていて、李登輝が最も厳しく考えているのは「公」と「私」の区別だ。象徴的なのが、李登輝が銀行に口座を持っていないことだろう。

「自分はお金のやり取りに一切タッチしない」ということで、いつしか口座はすべて閉じてしまった。原稿料や講演料は、李登輝基金会の口座へ振り込まれる。退任総統としての恩給はすべてお孫さんに渡して、家の内外のやりくりに充ててもらう。台北市内にある自宅もすべてお孫さんの名義だ。

これほどまでに神経を尖らせているのは、退任後に根も葉もない噂やでっち上げ報道で何度も名誉を汚されてきたからだ。例えば、二〇〇〇年の総統選挙では、李登輝は出馬せず、当時副総統だった連戦《れんせん》が国民党の総統候補となったが、この選挙で連戦は敗れ、民進党の陳水扁が当選した。台湾史上初の政権交代が実現したわけである。

ただ、それは裏返せば、歴史的な経緯はさておき、とにかく戦後五〇年あまり台湾で政権を担ってきた国民党が初めて下野した瞬間だったとも言える。国民党の内部からみれば、それまでの独裁的な既得権益を手放し、さらには政権まで手放すことになった最大の「戦犯」の汚名を李登輝に着せるのは、むしろ当然の流れだったのかもしれない。

国民党の主席も即座に辞任した李登輝と夫人を襲ったのは、マスコミのデマ報道による攻撃だった。選挙が終わり、国民党の下野が決まって一週間もしないうちに、新聞に「李登輝夫人、八〇〇〇万米ドルを持って国外逃亡」と書かれたのである。五四箱に詰めた米ドルを持って米国に逃亡した、などとまるで見てきたかのようなでっち上げ記事であった。

もちろん、李登輝夫妻は選挙後もずっと台湾にいるわけで、たとえ現在のようにインターネットがない時代であっても容易にその嘘が判明する記事なのだが、「選挙に負けたから国外脱出」という思考経路が、未だ台湾に巣食う中国式思想を思わせる。

中国では、古くから政権が交代すれば、前政権に携わっていた人間は容赦なく粛清され、財産を剝奪されるといった、前近代的な「易姓革命」という政治思想があった。つまり、完全なスクラップ・アンド・ビルドで、前政権は跡形もなく消去され、新しい政権を確立するという概念である。

でっち上げニュースを作った人間の頭のなかに、こうした前近代的な「易姓革命」という中華的思想があるからこそ、「李登輝夫人が米ドルを抱えて国外逃亡」という記事になったのだろう。

夫婦であり、戦友であり

こんなお粗末な記事であっても、名誉毀損の裁判では何年にもわたって闘わなければならなかった。李登輝もその頃のことを思い出し「私のことなら、根も葉もない噂だとほっとけばいい。だけど、家族が犠牲になるのは耐えられない。だから裁判で闘ったんだ」と話すことがある。

こうした一件もあり、李登輝は金銭や財産といったものを、なるべく自分の手で扱わないようにしてきたし、総統夫人も、滅多なことがない限り、三越やそごうといったデパートに出かけて買い物をすることはない。「ちょっとデパートに買い物に行くだけで、あぁ李登輝夫人が買い物してるわ、と言われるのが嫌なのよ」と奥様がこぼすのを聞くと、私まで切ない気持ちになる。退任して二〇年近く経ってもなお、それほどまでに気を遣わなければならないほど辛い経験をされたのかと感じるのだ。

でも、それに続く「だって、私が買い物することで、主人の名誉が傷ついたら困るもの」という言葉には、温かな気持ちを感じ、李登輝と奥様がともに夫婦であるとともに、戦友でもあったのではないかと思う一瞬である。公私を峻厳に区別し、名誉を重んじ、金銭に関わる汚名を雪《そそ》ぐためなら闘うこともいとわない。これはまさに名を重んじ、金銭に執着することを下に見る日本精神なのではないだろうか。

李登輝が、日本人的な精神を持ち、かつそれを重んじていることを窺わせる一端を挙げよう。著書『「武士道」解題――ノーブレス・オブリージュとは』は、最初は日本で出版され、のちに中国語版がいわば逆輸入のかたちで、台湾で出版された。

これは、李登輝自身が、新渡戸稲造の『武士道』を高く評価しているものの、現在の日本では「封建的な思想」として正しく理解されず、世界でも類を見ない素晴らしい日本精神を有しているというのに、見向きもされない実情を憂えて書き上げたものだ。はっきり言って日本人の私でも難解で、最後まで読み通すのさえ忍耐力を必要とする『武士道』を平易な言葉に解釈し、特に若い日本人にその真意を伝えたい、という思いから、李登輝自ら執筆したものだ。

李登輝が考える「日本」と「中国」の違い

そんな、武士道にも精通した李登輝がよく話してくれるエピソードがある。

日本統治時代、李登輝の家庭は「国語常用家庭」、すなわち日本語を家庭内でも使う「模範家庭」であった。とはいえ、台湾人である以上、日本語だけでなく台湾語も身につけなければならないと両親は考えた。そこで、公学校の中学年くらいになると、近所の廟で開かれていた寺子屋のようなところへ台湾語を習いに行かされた。その台湾語の教科書が『論語』だったというのだ。

日本人の精神性と最も対照的な例が中国の『論語』だと李登輝は言う。いつも引用するのは「先進」第一一之一一だ。

「未知生、焉知死」（未だ生を知らず、焉《いずく》んぞ死を知らん）

解釈には複数の説があるが、李登輝はごくシンプルに「まだ生について十分に理解していないのに、どうして死を理解できるだろうか」と解釈する。ここに日本人と中国人の精神の決定的な差があるという。

日本人は「死」を大前提として、限りある生のなかでいかにして自分はこの生を意義のあるものにしていくか、はたまたどれだけ公のために尽くすことができるか、という「死」を重んじた精神性を有している。一方で、中国人の精神性は「まだ生について理解できていないのになぜ死を理解できるか」と正反対だ。だから生を理解するために生を謳歌しよう、という発想が出てくる。「死」という限られたゴールがあるのであれば、それまでに目いっぱい生を堪能しようという考え方だ。

こうした『論語』的な発想があるからこそ、中国では「いまが良ければそれでよい」「自分あるいは家族が良ければそれでよい」という自己中心的な価値観や拝金主義がはびこる原因になったのではないかと李登輝は考えている。「死」を前提とし、「いかにして公のために」という日本人的な発想とは根本的に異なるというのだ。

李登輝に言わせれば『武士道』に描かれた精神、つまり「武士道とは死ぬことと見つけたり（葉隠）」という言葉こそ、日本人の精神性を最もよく表したものだという。日本人、特に武士にとっては「死」が日常生活と隣り合わせであり、常に死を意識しながらの生活であった。その「死」が念頭にある生活のなかで、いかにして人間は生の意義を最大限に発揮していくのか、それが日本人の精神性に大きく影響していると喝破する。

言い換えれば「公」と「私」という概念といってもよいだろう。私から見れば、李登輝は、いかにして台湾のために尽くすか、日台関係のために何ができるか、という「公」のことを毎日考えていた政治家だと言える。

日本人は、本当の中国人を知らなくちゃならない

戦後、台湾は日本の統治を離れ、中華民国（国民党）の占領統治の時代を長く経験してきた。この間、日本語が禁止されることはもちろん、言論の自由さえ奪われた台湾の人々は、息をひそめながら生きてきた。それと同時に、台湾社会からは日本統治下の名残が徐々に失われ、中国的な価値観を持つ社会へと変貌していったとも言える。

日本のメディアから多く問われる質問として「日本はこれから中国とどのように対峙し

ていくべきか」というものがあるが、李登輝が苦笑しながら必ず言うセリフがある。

「日本人は中国人を理解できやしないよ。いつも騙されてばかりだ。でも私は戦後、何十年も中国人の社会で生きてきた。だから彼らがどうすれば引っ込むか、どうすれば踏み込んでくるか、よく分かる。日本人は、本当の中国人というものを知らなくちゃならない」

戦後になり、中国人社会のなかに身を置いた李登輝は、日本人と中国人の精神性の大きな差を感じたに違いない。しかし、日本統治時代に徹底した日本教育を叩き込まれた李登輝は、自ら「日本が作り上げようとした理想が私」と断言しながら、その日本的な精神を守り続けてきた。

だからこそ、国民党のなかでポストの階段を上がっていきながらも、権力闘争に巻き込まれることもなく、強い信念によって台湾の民主化を成し遂げた。もはや日本でもなかなか見ることのできない、これほどまでに日本的な精神を持った人物の言葉を、私たち日本人はもう一度学び直すべきではなかろうか。

李登輝は「台湾独立」を明言していない

李登輝は二〇〇〇年に総統を退任後、九回の訪日を果たしている。李登輝の訪日が報じられると、必ず激烈な反応を示すのが中国だ。外交部のスポークスマンが「李登輝は戦争メーカー」「台湾独立運動の親玉」と口汚く罵る光景がお決まりのようにニュース映像で流される。

ただ、李登輝は言う。「私はこれまで『台湾独立』など一度も主張したことがない」と。

そう聞くと誰もが疑問に思うに違いない。

台湾を民主化に導いたばかりか、中国が演習と称して打ち込んできたミサイルにひるむことなく、「うろたえるな。対策は練ってある」と台湾の人々を鼓舞し続けた李登輝が、今まで台湾独立を主張してこなかったなどと誰が信じるだろうか。しかしそれは事実だ。

その陰には、台湾独立をめぐる複雑さと、現実主義者に徹して台湾を守り続けた李登輝の真意がある。

日本でも、台湾が独立した存在であり続けることを応援する人たちは多い。ただ、ここで誤解されやすいのが「台湾はどこから独立するのか」という問題である。「台湾独立」

について筆者も多くの日本人から質問されたりするが、日本人が持つ「台湾独立」に対する解釈には二通りあると言える。

ひとつは「中華人民共和国からの独立」である。これは多分に、中国側の「台湾は中華人民共和国の不可分の領土であり、台湾が独立することは許さない」という主張が日本メディアで多く流されていることによる「弊害」なのではないだろうか。

確かに中国は台湾を自国の領土だと主張しているが、はっきり言ってそれは荒唐無稽である。つまり、中華人民共和国は一九四九年の建国以来、一度たりとも台湾を統治したこともないわけで、もともと別個の存在だった台湾を「我が国のもの」と主張しても説得力に乏しい。とはいえ、中国は台湾との統一を「核心的利益」とまで言っているので、そうした中国との決別の意味で「台湾独立」という主張を捉えている日本人も少なからずいる。

もうひとつの捉え方が「中華民国体制からの独立」である。ここが「台湾問題」と呼ばれるものの複雑さなのだが、台湾は正式な国号を「中華民国」と呼ぶ。一九四五年の日本の敗戦まで、台湾は日本の統治下にあったが、日本がアメリカに占領されたのと同様、台湾もまた中華民国に占領された。幸い、日本は一九五二年にいわゆるサンフランシスコ平和条約が発効して独立国としての主権を回復したが、台湾はそうはいかなかったのである。

中国大陸では国民党率いる中華民国と、共産党による「国共内戦」が激化、共産党に敗れた国民党は、ほうほうの体で台湾に逃げ込んでくるのだ。その結果、一九四九年には中国大陸に共産党率いる中華人民共和国が成立。一方、台湾には中華民国が、いわば国ぐるみで移転してきたわけだ。台湾にとっては、国民党による占領統治にいつの間にか居座られたようなものである。

さらに、国民党は統治をしやすくするために、日本時代に高等教育を受けた知識層を無実の罪で軒並み処刑した。政府に楯突くエリート層を一掃し、言論の自由を奪って恐怖政治を敷いたのだ。

こうした状況のなか、「台湾独立」という主張が生まれてくる。つまり、中華民国政府の統治ではなく、台湾として独立したいという考えである。とはいえ、台湾においては「台湾独立」は最も危険な思想であったため、台湾独立運動は主に国外で展開された。日本統治を経験した人々にとっては、言葉が通じ、地理的にも近く、言論の自由も保障された日本がひとつの基地になったのは言うまでもない。

「現実主義」に徹する李登輝の本音

そこで前節の話に戻るわけだが、実際、李登輝は二〇〇七年一月にも台湾の週刊誌によるインタビューに「台湾独立を主張したことはない」と答え、大きく報じられたことがあった。

その波紋は日本にも及び、「(李登輝が)従来の立場を一八〇度ひっくり返す発言をしていたことが三一日明らかになった。その真意をめぐって台湾政界は大揺れになっている」(「朝日新聞」二〇〇七年二月一日付)などと報じられ、李登輝を支持する日本人の間でも大騒ぎになったのを私も記憶している。

ただ、この騒ぎは文字通り「から騒ぎ」だ。なぜなら、確かに李登輝はこれまで一度たりとも「台湾独立」を主張したことはないからだ。李登輝の主張は、以下のように明確である。台湾の最高指導者として、いかにして台湾の「存在」を守り続けるかに知恵を絞る現実主義者に徹していることが明確に分かる内容だ。

「台湾はすでに独立した主権国家だ。今さら台湾独立を主張して、中国ばかりか日本や米国などの国際社会と余計な軋轢を起こす必要はない。中国とは別個の存在なのだから、この台湾の『存在』を守りながら、台湾が国際社会から認められるために必要なことを積み上げていけばよいのだ」

突き詰めれば、台湾はすでに独立した存在だが、国際社会から認められるまでには至っていない。その足りないものをこれから補充していこう、というシンプルな考え方だ。

ここでは、前述のような「中華民国体制からの独立」といった問題には言及されていない。現実主義の政治家たる李登輝からすれば、台湾がすでに実質的に独立した存在であり、それを今後いかにして維持していくか、ということのほうが重要なのである。

李登輝自身は、台湾の独立運動に関わる人たちを尊重しつつ、一方ではこれまでにも「台湾独立を強調する人たちは、台湾のために何を解決してきたのか」と批判したこともあった。つまり「運動のための運動」に陥りがちな主張を「現実的ではない」と断罪したのである。

独立運動の中心人物とも親しかった李登輝

ただ、日本で台湾独立運動に携わったため、長らく国民党のブラックリストに載せられて帰国できなかった、台湾独立建国聯盟の黄昭堂《こうしょうどう》・元主席（故人）とは公私にわたって仲が良かった。

二〇〇七年に念願の「おくのほそ道」をたどる訪日の旅が実現したときも、李登輝みずから黄昭堂に「一緒に日本に行かないか」と声をかけて、一緒に訪日している。

旅の最中、夜遅くにこっそり投宿先のホテルオークラに戻ってきた黄昭堂を何回か目撃した。「どちらへ？」と聞くと、イタズラが見つかった子どものように「東京に戻ってくるとラーメンが食べたくてしょうがないんだ」と笑っていたことを思い出す。

また、時にはプライベートで自宅に呼び寄せ、台湾をこれからどうしていくべきか討論を交わしながら、ウイスキーを二人で空けたこともあった。そんな黄昭堂の思い出話を、李登輝は時おり私にしてくれた。

台湾独立を「これまで一度たりとも主張したことはない」という李登輝であるから、黄昭堂が人生を捧げた台湾独立運動とは、相容れない部分もあったかもしれない。それでも、この二人が意気投合できるのは、たとえやり方が異なったとしても、台湾が独立した存在を維持し、台湾の人々の幸福を実現するという最終的な理想のかたちが共通していたからに違いない。

実質的な台湾独立を維持するため、日本ができること

二〇一八年一一月、台湾の大陸委員会（対中問題を処理する窓口機関）は定期的に行われている「両岸関係（台湾と中国の関係）」に関する世論調査の結果を発表した。そのうち「これからの台湾と中国の関係はどのようになるのを望むか」という設問については、実に八〇パーセント以上もの人々が、「まずは現状維持」あるいは「永遠に現状維持」を選択した。

台湾が自由主義かつ民主主義陣営として、日本と連なる位置に存在することは、安全保障の面からみても、大きな意義がある。

アジアの近隣諸国を頭に思い浮かべてほしい。現在、アジアにおいて日本と同じ「自由、民主、人権、言論の自由」などといった価値観を共有できる国がほかにあるだろうか。そうした意味で、台湾が中国と別個の存在であり続けることが、日本にとって大きな国益にもなる。外交関係こそないものの、アジアにおいて台湾だけが日本のパートナーになりうると断言してもいいだろう。

目下、台湾の人々が中国との関係を「現状維持」のままでいたいと望んでも、中国は絶

え間なく、台湾を統一するための攻勢を仕掛けてきている。台湾の独立した存在が失われれば、安全保障はもとより、日本は同じ価値観を共有できるパートナーを失い、アジアで孤立した存在になるだろう。

台湾が中国とは別個の存在であり続けるために、台湾の国際機関へのオブザーバー参加支援、外交関係がなくとも提携できる分野、例えば経済や文化、科学技術、教育面での協力関係締結など、日本ができる方策は山ほどある。それを実行させるためには、ひとりでも多くの日本人が台湾の重要性を理解することだ。

それが、現実主義に徹することで台湾の「存在」を確保し、実質的な台湾独立を維持し続けることを可能にした李登輝の思いに応えることである。

民進党惨敗に対する李登輝の「意外な反応」

二〇一八年の統一地方選挙は、民進党の惨敗に終わった。二〇一六年の政権発足から二年あまり。蔡英文総統にとっての「中間テスト」だったが、それまで目に見える成果を上げられなかったこともあり、この当時は支持率の低下にあえいでいた。選挙前から厳しい結果になるとは予測されていたが、選挙後に民進党の関係者に聞くと「まさかあれほど負けるとは思っていなかった」と返ってきた。二〇一四年の選挙で国民党が味わった辛酸がそのまま民進党に降りかかったかたちだ。この結果を李登輝はどう見ていたのだろうか。選挙の翌々日に顔を合わせる機会があったので、さぞや落胆しているのかと思いながら聞いてみると「心配半分、喜び半分」だという。

「どういうことですか」と思わず聞いたが、次のような答えが返ってきた。まず「心配」の部分だが、これはどの党が躍進したとか、誰が当選したかということよりも、あまりにも極端な選挙結果になってしまったことで政治の安定性が損なわれるのではないか、という心配だ。さらに、与党民進党が大敗したことで、政権は大きなプレッシャーにさらされることになる。その結果、本来進めるべき経済政策や政治改革を実現できなくなるおそれがあると憂いているのだ。

ではもう一方の「喜び」とはなんだろうか。それは李登輝がこれまで進めた民主化、そしてここ数年来ずっと主張してきた「第二次民主改革」に関連している。李登輝によれば、自身が進めた台湾の民主化はまだ道半ばだという。

つまり、台湾の有権者はこれまで「選挙で投票することが民主主義だ」と勘違いしていることが多かった。しかし、本当の民主主義とは、投票終了後も有権者自身が政治に参加し、政府や立法院を監視することが必要なのだという。投票して終わり、ではなく、自身も政治に参加するという意識を広めることが、李登輝の言う「第二次民主改革」なのだ。そうした意味で、今回の選挙では、政党やイデオロギーに左右されることなく、有権者が主体性を持って選択をしてくれたことに大いに満足していたのだ。

ダイナミックかつ健全な台湾政治

とにかく二〇一八年の選挙はドラスティックな結果に終わった。国民党が「党始まって以来の」大惨敗を喫し、民進党が大勝した二〇一四年から四年後、まるで正反対の結果が生まれたのだ。

ただ、変化の激しい台湾政治のダイナミックさはここで終わらなかった。このとき民進党は文字通り「惨敗」したが、情勢はあっという間に大きく変化した。

二〇一九年の年頭に中国の習近平主席が「一国二制度で台湾を統一する」と発言したのに対し、蔡英文総統は即座に「台湾の将来は台湾人が決める」と反論した。それまで台湾の有権者の目に映った蔡総統は、「中国との関係は現状維持」と繰り返すばかりで、中国の圧力によって外交関係を持つ国から次々と国交を断絶されても、なすすべなく沈黙しているようにみえたからだ。

蔡総統が毅然と反論したことで支持率は少し上向いた。それに加えて三月頃から香港の「逃亡犯引き渡し条例」の審議が始まり、香港ではデモが行われるようになった。そもそもこの「逃亡犯条例」は台湾に発端がある。台湾を観光で訪れていた香港人カップルの、彼氏が彼女を殺害して遺棄し、そのまま香港へ逃げ帰った事件があった。台湾内で発生した殺人事件のため、台湾は香港に容疑者引き渡しを求めたが、条例に不備があったために引き渡しができなかったことが審議の契機になっている。

このタイミングを利用して、香港の人々に不利な方向に改正しようとしたのは香港当局あるいはその背後にいる中国だ。改正によって香港の司法や自由が損なわれると恐れた香港の人々は連日デモに繰り出し、それを警官隊が暴力や催涙弾で鎮圧する光景が連日台湾のテレビニュースでも流されるようになった。この頃から台湾では「今日の香港は明日の台湾」という言葉が叫ばれるようになり、台北でも香港を支持するための集会や、大学の構内に「レノン・ウォール」（付箋に書いた応援メッセージを貼り付けた壁）が設けられるなど、香港を「他人事」だと思えない台湾社会の雰囲気が伝わってきた。

中国に対する「脅威」が改めて明確になったことは、蔡総統にとっても追い風になった。対する野党国民党は、高雄市長に当選し「韓流」ブームを巻き起こした韓国瑜《かんこくゆ》を「票が取れる候補」として総統候補に据えた。しかし、香港のデモが二〇一九年秋になってますます過激化したことで、高雄市長に当選した際の「中国との関係拡大によって台湾の経済を活性化させる」という公約を堅持し続けた韓国瑜への支持が伸びることはなかった。結局、蓋を開けてみれば蔡総統が歴史上最高の得票率で勝利する結果となった。つい二年前までは「もはや蔡英文の再選はない」とまで言われていたのに真逆の結果が出たわけだが、その影の功労者は中国の習近平主席だというジョークまでささやかれた。

二〇二〇年初頭から世界に蔓延した新型コロナウイルスへの対応で、台湾は世界でも有数の抑え込みに成功した国となり、六月には国内における日常生活はほぼ回復していた。日本が連日感染者を出し、レストランなどへの休業要請などが続いていた頃である。こうした功績が評価され、一月の総統選挙で勝利した第二期の蔡英文政権はかなりの高支持率でのすべり出しを見せたのだ。

その反面、凋落が止まらないのが国民党である。総統選挙に出馬することで三ヶ月間もの間、高雄市長を休職した韓国瑜に対するリコールが二〇二〇年六月に成立したのである。二〇一八年の選挙で彗星のごとく現れた韓国瑜だったが、高い人気を誇っていた当選直後「高雄のために四年間全力を尽くす」と言いながら、舌の根も乾かぬうちに総統選挙への出馬である。いくら高雄市民が韓国瑜に期待したといっても、なめられたと感じる市民が多かったのではないだろうか。

それにしても、八九万票もの得票で勝利した候補者が、二年後のリコール投票では約九四万票の不信任で解職された事態は、ダイナミックかつ激的な台湾政治を体現すると同時に、台湾の民主主義が健全に機能していることの表れであろう。

李登輝が「中国には勝てない」と思ったワケ

李登輝は過去に一度だけ中国大陸を訪れたことがある。台湾がまだ日本の統治下にあった一九四四年の頃のことだ。前年、台北高等学校を卒業し、京都帝国大学農林経済学科へ内地留学をしたものの、戦火の広がりとともに学業半ばで志願兵となった李登輝は、台湾南部の高雄に派遣され高射砲隊の訓練を受けていた。

数ヶ月の訓練を終え、いよいよ内地へ戻ることとなった。船による長旅である。しかし、一九四四年ともなると日本軍は米軍の力に押され、東シナ海には米軍の潜水艦がうようよしていた。いつ撃沈されてもおかしくない状況である。そこで李登輝らを乗せた輸送船は台湾海峡をいったん北上し、中国大陸沿岸に沿ってさらに北上した。そして、しばらくの間、山東省の青島で錨を下ろすことに決めた。

一週間ほど滞在した青島で李登輝が見た光景は衝撃的だった。港では背の高い山東人と呼ばれる地元の港湾労働者たちが、日本や台湾では見られないような不潔で暗い、労働環境としては最悪の場所に身を置きながら立ち働いている。

そのとき、李登輝はこう思ったそうだ。「この絶望的なまでに低い生活水準のなかで生きていける人々と戦っても、日本は勝てないのではないだろうか」。

中国人が、日本や台湾とはまったく異なる文明や価値観に置かれた人種であることを悟った瞬間でもあった。ほんのわずかであっても、中国や中国人というものを実地に見た経験が、李登輝の中国に対する警戒心を醸成したのかもしれない。

戦後になり、内地から台湾に戻った李登輝は、二二八事件勃発後に国民党側と台湾側の代表の話し合いの場に立ち会った際、早々に引き上げている。李登輝は後にインタビューで当時のことをこう回想している。「ちょっと聞いただけで危ないと思った。中国人たちはのらりくらりと時間稼ぎをしているにすぎないのが見て取れたからだ」。

時代はめぐり、自身が台湾の総統としてその中国と正面から対峙することになるとは、当時の李登輝はゆめゆめ思わなかったことだろう。

李登輝訪米を可決したアメリカ議会の底力

一九八八年、蒋経国の急逝を受けて総統に就任した李登輝だったが、社会の安定を損なわないよう蒋経国路線を継承するとしながらも、台湾を少しずつ民主化の方向へと進めてきた。

それまで台湾の中華民国と大陸の中華人民共和国は、自分たちこそが中国の正統な政府という主張を崩していなかった。中華民国の統治範囲は台湾にしか及んでいないのに、一九九〇年代に市販されていた「中華民国全図」では、中国大陸全土が国土として描かれていたという。ちなみに当時の地図は現在「復刻」されて、記念品として売られている。

こうした状況に変化をもたらしたのもまた李登輝だった。民主化を進める李登輝に警戒心を抱いた中国は諸外国に対し、さかんに「李登輝を国家元首として接遇してはならぬ」と圧力をかけ続けた。

李登輝が推し進める台湾の民主化に世界の注目が集まっていたさなかの一九九五年四月上旬、李登輝のもとを米コーネル大学学長のフランク・ローズが訪れた。大学が、その傑出した卒業生である李登輝の名を冠した講座を開設するにあたり、記念式典への出席と講演を要請するためだった。

現役の台湾総統が訪米するなど前代未聞である。実現すれば中国の大きな反発を招くことは容易に想像できた。それでもなお、ローズ学長をはじめ大学側が自分の招請に踏み切ったわけを李登輝自身はこう分析している。

「米国は民主主義を重視する社会だ。良くも悪くも、他国に対しても民主主義制度を持つべきだと考えているところがある。仮に私が訪米したら何を話すか。台湾の民主化について話すに決まっているんだ。当時、台湾の民主化は相当な水準まで進んでいた。それを彼らは話させたいということなんだ」

総統選挙が翌年に迫っていたが、李登輝によれば決して選挙のために訪米を決めたわけではないという。台湾の国際的な地位が低い状況のなかで、自身が提唱した「現実外交」

に沿って、どんなやり方であろうとチャンスさえあれば出向き、相手国との関係を築く。こうした考え方をベースに、訪米を決断したというのだ。

李登輝が訪米の招請を受諾し、準備を始めると徐々にその情報が伝わり出した。中国は再三にわたり抗議活動を展開した。米国は当時、中国寄りとされる民主党のクリントン政権だったため、当初はコーネル大学が進めた李登輝招請に難色を示したとされる。

ところが、李登輝の訪米を支持する決議が上下院の絶大な支持のもとで可決されたため、クリントン大統領も同意せざるを得なくなった。当時の米中関係は決して悪くなく、良好な関係を維持し続けることは米国にとっても国益に適うはずだったが、米国の民意が、台湾の民主化を無血で成し遂げつつあった李登輝の訪米を優先させたのだ。

李登輝も当時を思い出してこう語る。

「議会の力というのはすごい。私を訪米させるために投票までやったんだ。訪米したときは上院議長がわざわざ出迎えてくれたし、議員が何人も会いに来てくれた」

中国の圧力や議会での議決などもあり、結果的に、この一九九五年六月の李登輝訪米は国際社会で大きな注目を浴びることとなった。

中国のミサイル発射が高めた李登輝支持

中国としては黙ってはいられない。李登輝訪米を「ひとつの中国を破壊させるもの」「台湾独立の企み」などと非難したうえで、積極的に台湾封じを始めたのだ。例えば、一九九五年七月中旬に予定されていた台湾と中国をつなぐ正式なチャンネルである「辜汪《こおう》会談」が中断され、両岸関係の安定に影響を与えた。そして、同年八月一五日からは「軍事演習」と称して台湾の北方約一三六キロの海域に向けてミサイルを発射したのである。

しかし李登輝は、当時中国との間に存在したチャンネルを通じて寄せられた情報によって、それが威嚇あるいは建前上のものに過ぎないことが分かっていた。そこで民衆に向かって「怖気づくことはない。シナリオは準備してある。心配するな。弾頭は空っぽだ」と鼓舞するとともに、株式市場の暴落や銀行の取り付け騒ぎが起きた場合に備え、事前に十分な準備を進めていることを明かして民衆の動揺をおさめた。中国の「恫喝」は、皮肉にも李登輝支持の民意を高める結果を招いたのである。

このミサイル危機の翌年に行われた台湾初の総統直接選挙で、李登輝は国民党候補として当選した。対抗馬である民進党の総統候補は、戦後の独裁政権下で台湾の独立を主張したことで軟禁され、後に亡命して海外生活を長く送った彭明敏《ほうめいびん》だった。主張からいけば、台湾の人々は彭明敏を支持してもおかしくなかったが、実際に選ばれたのは李登輝であった。そこには「強いリーダー」として、中国の暴挙から台湾を守り、社会の安定を維持した李登輝の手腕が、人々の脳裏に鮮明に残っていたからであろう。

日本は「二国論」をもっと活用すべき

一九九九年七月、李登輝は台湾を中華人民共和国からも、中華民国からも引き離す決断をした。いわゆる「二国論」発言である。李登輝の頭のなかには、もちろん中華人民共和国でもなく、目下統治している中華民国ともまた異なる、台湾としての歩みを進めていこうという青写真があった。簡単に言えば、中国大陸とのつながりを捨て去り、台湾だけでやっていくことに決めたのである。

「このままでは台湾はその存在を失ってしまう。遅かれ早かれ中国に飲み込まれてしまうだろう」と李登輝が危機感を持ったのには理由があった。一九九七年に香港が返還され、同年には主要な国交締結国であった南アフリカとの国交を失った。中国が台湾統一工作を加速させ、台湾の国際社会における生存空間はますます狭まっていたことから、李登輝としてはどうにかして台湾の存在を維持する方法を模索していた。

その頃の李登輝の頭のなかはこうだ。

「台湾は戦後長らく、(台湾を統治する)中華民国と中華人民共和国が内戦中という前提だったために国力をそがれてきた。しかし、もはや台湾は対岸の中華人民共和国とは何ら関係ない。台湾はもちろん中華人民共和国の一部でもないし、中華民国の『一省』でさえない。これからは『台湾は台湾である』。そう言い切るのが難しいのであれば、『中華民国は台湾にあり』と言い換えてもいい。とにかく、国名がどうであれ台湾は中国大陸とは切り離してやっていく」――だからこそ、それまで存在した「台湾省」を凍結し、自らも経験した省主席のポストも廃止したのだ。

そんな折、海外メディアからのインタビュー依頼が舞い込んだ。

李登輝に聞くと、当初は通常の、何ら特別ではないドイツの放送局によるインタビューの予定だった。ところが、前もって提出された質問内容と、それに対して政府新聞局(当時)が作成した想定問答を目にした李登輝は驚きとともに怒り心頭に発した。要は、台湾があたかも「中華民国の一省」である、という立場による回答だったからである。

ただ、李登輝はこれを千載一遇の好機として利用することにした。事前提出された質問内容には、李登輝が進める民主化や、中国に返還された香港を念頭に、「現実的に、台湾にとって独立宣言はハードルが高く、香港のような『一国二制度』を受け入れるのも難しい。ではその折衷案はあるのか」という問いがあった。

政府の新聞局が作成した想定問答は、これまで李登輝が進めてきた政策を真っ向から否定するようなものだったため、李登輝は自ら筆をとって想定問答を作ることにした。そして同時に、台湾はもはやこれまでのような「中華民国の一省」という立場ではなく、もちろん中国大陸とも何ら関係がない、ということを国際社会に向けて発信するまたとない機会として利用することにしたのだ。

そうして李登輝の口から発せられたのが、中国と台湾は「少なくとも特殊な国と国との関係である」という「二国論」であった。非常に微妙な、「少なくとも特殊な」という言いまわしに、李登輝が脳みそを振り絞って導き出した苦労が見て取れる。

この「二国論」発言から二〇年以上経つが、台湾を考えるうえでこの発言の内容は大いに参考になる。李登輝自身が台湾あるいは中華民国の地位をどのように捉え、どういった方向に導こうとしたかは、台湾が歩んできた歴史そのものと重なる部分が大きいからだ。

日本では「少なくとも特殊な国と国との関係」という一句だけが有名で、他の部分はあまり知られていないこともあるので、もう少し内容を紹介してみたい。

二国論のレトリック

李登輝は前述のインタビューに答えて、次のように発言した。

「一九四九年に建国された中華人民共和国は、未だかつて中華民国が支配する台湾本島、澎湖《ほうこ》諸島、金門《きんもん》島、馬祖《ばそ》島を統治したことはない。我々中華民国は一九九一年の憲法改正により、その統治の効力が及ぶ地域を台湾に限定することとした。同時に、中華人民共和国が合法的に中国大陸を統治していることを認めたのである。

さらには、立法院および国民大会の民意代表は、台湾の有権者からのみ選出することにした。つまり、人民を代表し、国家を統治する権力の正当性は、台湾の有権者によって授権されたものであって、中華人民共和国とはまったく関係のないものなのだ。

一九九一年の憲法改正以来、両岸の関係は、国家と国家の関係に位置づけられた。少なくとも特殊な国と国との関係である。決して一方が合法的な政府で、もう一方が反乱団体だとか、あるいは中央政府と一地方政府という『ひとつの中国』を前提とした内部の関係でもない(後略)」

この発言に加えて、より重要なのは、「それゆえに、台湾は改めて独立宣言をする必要はない」としたことだ。すでに台湾は実質的には国家として独立しているのだから、今さら独立宣言をする必要はない、という論法である。こうした姿勢は、現在に至るまで、暗黙のうちに台湾が堅持してきたようにも思える。

つまりこの「実質的な独立」をいかに維持していくかが、中国との距離を置くうえで重要であるし、また「実質的な独立」は日米が警戒する「一方的な現状変更」を脅かすものでもない。繰り返しになるが、台湾が中国とは別個の存在として、実質的に独立していることは、日本にとっても大きな意義を持つ。

大切なのは、台湾と価値観を共有する日本をはじめとする民主国家が、台湾に対して「外交関係がないから」といって二の足を踏むのではなく、「実質的に独立した」台湾といかにして実務的な関係を築けるかに知恵を絞ることではあるまいか。

李登輝が、文字通り知恵を絞ってひねり出した「特殊な国と国との関係」というレトリックを、日本は大いに利用して、よりいっそう日台関係の強化を図るべきである。

ちなみに、この「特殊な」という文言は、国際法で使われるラテン語の用語の日本語訳ということだが、李登輝によると「当時、日米台で、持ちまわりで行っていた明徳プロジェクトという政府間の秘密会議があった。水面下でいろんな情報交換をしていたんだ。そこに出席していた日本の外交官の発言からヒントをもらって、この『特殊な』という文言を思いついたんだ」ということである。

李登輝が忘れられない「あの日」

天安門事件から三〇年を迎えた二〇一九年六月、台湾や香港では大規模な追悼集会が開かれた。特に台湾は、言論の自由が保障されていることもあり、台北市内中心部の中正紀念堂で、戦車の前に立ちはだかった学生を模したモニュメントが展示されたほどである。

蒋介石もまた、学生たちを弾圧した共産党政権と同じく、独裁体制や白色テロによって台湾人を弾圧した当事者だが、その顕彰施設に皮肉にも天安門事件の象徴のようなモニュメントが置けるほど、現在の台湾は言論の自由が保障された社会に生まれ変わったとも言える。中国政府による管理がいっそう強化された香港とは大きく異なる民主化の成熟度を見せつけたかのようだ。

そしてこの場所は同時に、台湾の民主化の端緒となる出来事が起きた場所でもあった。奇しくも天安門事件の発生から九ヶ月後の一九九〇年三月、台湾でもまた自由や民主化を求める学生運動が起きていた。これまで何度も書いてきた「野百合学生運動」だ。当時の政治状況とこの運動に対する李登輝の思いを、別の側面から書いてみよう。

台湾は戦後四〇年あまり、良くも悪くも国民党による強権統治の支配下にあった。蔣介石から息子の蔣経国へとバトンタッチされ、いちおうは国民党が一枚岩となってこの台湾を統治してきたのである。しかし、一九八八年一月、蔣経国は何も言わぬまま逝ってしまう。蔣経国は「蔣家から総統を出すことはない」と明言していたし、実際に遺言を聞いた者はいなかった。

李登輝もあの日のことはよく覚えているそうだ。当日のことを尋ねると、メモも見ることなくよどみなく話してくれた。

「午後、アメリカから国会議員の来客があって総統府で応接していた。そのさなかに七海(蔣経国官邸のこと)から連絡があって私に用があるという。ただ、その電話を受けた秘書が『来客中です』と答えて切ってしまったそうだ。

しばらくしてまた電話があった。その電話を受けた別の秘書が『ともかくも七海からだから』と気を利かせてメモを入れてくれた。それで私は急いで切り上げて総統府を出発したんだ。

しかし、到着したときすでに蒋経国は亡くなっていた。だから私は蒋経国の遺言を聞くことができなかった。一度目の電話を秘書がきちんと取り次いでいたらあるいは、という気持ちはある」

ともかくも、その夜のうちに副総統の李登輝が総統に昇格することが決まった。そして李登輝は社会の安定を図るため、そして従来の蒋経国路線を踏襲する、という自分の意志を見せるために実践したことがあった。

それは、毎朝必ず蒋経国の遺体が安置されている栄民綜合病院を訪れ、焼香してから総統府へ出勤するというものだった。蒋介石、蒋経国と二代にわたり強権によって統治されてきた台湾がこれからどうなっていくのか。党内部や三軍はもちろんのこと、台湾社会もまた不安を抱えていた。そこで、李登輝は蒋経国の霊前を毎朝欠かさず訪れることによって、無言のうちに「李登輝が総統になっても、これまでの蒋経国路線を継承する。急進的な改革によって社会が不安定になることはない」とアピールすることで人心の安定を図ったのである。

蒋経国への思慕

学者出身で政治は「素人」の李登輝が政界入りしポストの階段を上がるうえで、政治を学んだのは「蒋経国学校」の六年間だったというのは、すでに述べた通りだ。蒋経国はもちろん蒋介石の息子で、台湾では賛否分かれる人物だ。蒋経国は台湾の「十大建設」としてインフラ整備を進めたり、民主化の端緒となる野党結成の黙認や戒厳令解除を進めた。さらには李登輝を副総統に引き立てたことを功績とする人もいる。

その一方で、情報機関を掌握して政治犯を取り締まるなど暗黒の側面も持ち合わせていた。そのため自由や民主化を主張して捕らえられ、緑島という離島に一〇年以上も投獄されたり、命を落とした台湾人もたくさんいる。

ただ、李登輝の口から、蒋経国に対して批判めいた言葉が発せられたことは、私の経験からはゼロに等しい。台湾について少し勉強した人ならば、蒋経国に対する歴史的な評価が分かれることは知っているから、表敬訪問などで李登輝から蒋経国に対する恩義が語られると、不思議そうな顔をする日本人がいることも確かだ。しかし、李登輝の蒋経国に対する感謝の念は本心からだったのだと私は感じる。蒋経国のおかげで、国民党内で生き延びることができ、中国人的発想をコントロールする術も会得できたわけだから。

小柄な蒋経国から見ると、李登輝はまるで見上げるような高さだっただろう。だから李登輝は蒋経国に対峙するときは高い背を折り曲げるようにして話しているのを映像で見たことがある。自分自身もすんでのところで白色テロの被害者になりかけた李登輝だから、心中の本当のところでは蒋経国をどう見ていたかは分からない。ただ、あくまでも蒋経国への恩義を語り続ける李登輝からは、やはり「仁義を貫く」という日本的な精神を感じずにはいられない。

天安門事件が台湾の民主化に与えた影響

さて、話を一九九〇年三月に戻そう。当時の中国大陸と台湾は、社会の状況が驚くほど似通っていたと言える。双方とも、共産党あるいは国民党による独裁の「党国体制」だし、言論の自由も集会の自由も保障されていなかった。

ただ、台湾と中国大陸では大きな差がひとつあった。それは、台湾がすでに一九八六年には民進党の結党を黙認し、一九八七年には戒厳令を解除するなど、民主化の階段を一歩ずつ上がり始めていたことだ。

一九八九年の天安門事件は台湾でもテレビや新聞などで報じられていたという。台湾ではすでに戒厳令が解除されていたとはいえ、まだ民主化の萌芽がかろうじて見えてきた程度だったはずだ。実際、白色テロの根拠となっていた「内乱罪」を規定した刑法一〇〇条が改正され、言論の自由が保障されるのは一九九二年五月のことである。天安門事件で、血で血を洗うような弾圧が行われたのを知る学生たちが、なぜそれでもなお、中正紀念堂に集まって民主化を求めたのだろうか。

それはやはり、前述したように、台湾はすでに民主化の階段を一歩ずつ上がり始めていたという実績があったからであろう。中国大陸のように武力によって弾圧することはないだろう、といういささか楽観的ではあるものの、政府に対する期待があったのではなかろうか。もちろん、蒋経国の死後、就任したのが本省人の李登輝だという希望も大きかったのだろう。

資料によると、六〇〇〇人を超える学生が集まった中正紀念堂には、蒋経国の息子である章孝慈《しょうこうじ》が学生たちを激励するために訪問しているし、李登輝自身も前述のように「学生たちの様子を見に行きたい」と漏らした。

李登輝はこの「三月学運」あるいは「野百合学生運動」と名付けられた学生たちの抗議活動を重視していた。それにはいくつかの理由がある。まずは九ヶ月前に起きた天安門事件の影響だ。天安門事件が国際社会にもたらした衝撃は大きく、中国の国際的イメージは最悪であった。つまり、こうした学生運動が国家のイメージを作り上げるうえで非常に大きな影響を及ぼす、ということを中国の事例から学び取っていたのである。

李登輝曰く「従来の国民党であれば、台湾の学生たちも天安門事件と同じように武力で弾圧せよ、という声が大勢を占めたかもしれない。しかし、天安門事件によって中国が蒙った負のイメージは計り知れなかった。それを目の当たりにしたことによって強硬な意見は鳴りを潜めた」のだという。

李登輝は軍や警察に対し、学生たちに手出しをすることを厳禁した。学生たちとの衝突が万が一起きれば、「第二の天安門事件」として台湾は中国と同列に語られることになるし、国際的イメージは地に落ちる。なにより、扇情事件が起きることになれば、国民党内における強硬派の意見が再び勢いを得る恐れさえあったからだ。

李登輝は中正紀念堂での座り込みが始まってから五日後に学生代表を総統府に招いて話し合いをしている。その席上、学生たちから示された要望を受け、李登輝はいよいよ民主化に本腰を入れて着手していくのである。

李登輝は二〇一八年六月、訪問した沖縄(写真19)での講演で次のように述べた。

「中国の覇権主義は、その政治体制が生み出す問題です。中国は愚民政策を施し、国民の民主的思想を抑え込んでいます。中国の人々は、未だかつて本物の民主主義や自由というものを経験したことがないのです。私たちは中国の人々との交流や協力もまた進めなければなりません。

とはいえ、中国の独裁政権がその覇権主義的な野心をアジアにまで広げようとする企てには断固として反対します。すでに民主主義を確立し自由を勝ち取った私たちは、人類の文明に対する責任を有しています。

同時に、中国の人々に民主主義と自由の本当の価値を伝え、民主主義あってこそ本物の自由が手に入る、ということを呼びかけていかなければなりません」

終章

アジアの哲人を見続けた八年間と、これから

司馬遼太郎は『台湾紀行』で李登輝を「山から伐り出したばかりの大木に粗っぽく目鼻を彫ったよう」な風貌と書いた。確かに九〇歳を過ぎてもなお、一八八センチの身長で背筋をピンと伸ばして歩く姿は「大木」と言えなくもない。

淡水の事務所では、李登輝の執務室と私の机がある部屋はドア一枚で仕切られている。そのドアはいつも開け放たれているが、限られた人間しか出入りすることはなく、ＳＰでさえもみだりには立ち入らない。李登輝は横幅二メートル以上もある執務机で私や秘書長が起案した「公文」に目を通し署名をしていく。表敬訪問や取材依頼の報告には「可」あるいは「不可」などの回答を書き、目を通してほしい報告には「閲（確認した）」とサインする。何か報告内容に不明な点や聞きたいことがあれば、隣の部屋から「早川さん！」とお呼びがかかる。すると私はペンとモレスキンのノートを抱えて隣の部屋に飛んでいくのだ。

李登輝を前に、執務机の前に立つと感じるのは「風圧」だ。李登輝はそこに座っているだけなのに、私には向かい風のなかに立っているような感覚さえある。この「風圧」は、李登輝のそばで働き始めてすぐの頃から、長年仕えてきた現在でも変わることのない感覚だ。

以前、日本から来た来客のひとりが、表敬訪問のあとにこう言っていた。

「李登輝総統が応接室に入ってきたとき、一瞬で空気が変わりましたね」

やはり国家の最高指導者の座に一二年あった人のオーラなのか、それだけでなく、外に対しては中国の圧力に直面しながらも台湾の実質的な独立を維持するために奮闘しつつ、内に対しては一滴の血も流すことなく国民党の独裁体制を瓦解させ、民主的な台湾社会を打ち立てた人間がまとう空気なのだろうか。

私の前任の秘書は当時六〇代だった。それがいきなり二〇歳以上も若い後任に替わったわけである。李登輝自身も内心、心配していたのではないかと今になって思う。ただ、台湾大学へ留学するまでは東京で金美齢先生の秘書を務めていたので「秘書業務」というものが何をするべきなのか分かっていたことが幸いした。引き継ぎらしい引き継ぎもなく始まった仕事だったが、李登輝の発言を一字一句メモしつつ、表敬訪問の場や晩餐会で言及された本で、読んだことがなかったり、読んだ経験があっても内容がおぼろげなものは帰り道に台北市内の紀伊國屋やジュンク堂で即座に買い求めた。

いま、私の書棚には『善の研究』『衣服哲学』『出家とその弟子』『ファウスト』『純粋理性批判』『ツァラトゥストラはこう言った』など、岩波文庫などの本が並んでいるが、なんのことはない李登輝が旧制台北高等学校時代にむさぼり読み、同級生と議論した本を私が追いかけていたにすぎない。この本では李登輝の言葉の意味やその功績、日常生活から家族のことまで、私が見つめてきた等身大の人間李登輝を書いてきたが、特に李登輝が造詣の深い哲学についての考え方を紹介するようなことはほとんど書かなかった。

李登輝が頭のなかに持つ教養や知識の海は広大である。そんな無限ともつかぬ海を、生半可な知識をオールにして漕ぎ出しても、その海を知ることはできないだろう。だから、私は自分なりに、李登輝から見たら孫娘とほとんど変わらぬ年齢の若い日本人として、李登輝の発言の意味や言葉の解釈を紹介したいと考えたのが本書である。

「台湾民主化の父」と呼ばれる李登輝だが、総統を退任してから二〇年が経過した。台湾ではすでに歴史の教科書にも登場するが、それは皮肉にも台湾の若い世代からすると李登輝が「歴史上の人物」になりつつあることも意味する。実際に、今の大学生からすれば李登輝が現職だった二〇年前といえば生まれたか生まれていないかの頃だ。ましてや、言論の自由も集会の自由も奪われていた国民党独裁体制下での台湾社会の過酷さは、まるっきり経験していない教科書のなかだけの世界で、その台湾を自由で民主化された社会に変えたのは李登輝だと言われてもピンと来ない若者も少なくないだろう。

また、日本でも今でこそ台湾はすぐとなりにある「親日的で」「近くて」「美味しくて」「安い」旅行先として知られているが、私が台湾に通い始めた頃のつい二〇年ほど前には書店の本棚に並ぶ台湾関係の本は今とは比べものにならないお粗末なものだった。今や、観光ガイドの書棚には澎湖島や屏東《へいとう》がタイトルになったガイドブックさえあるのには隔世の感を禁じえない。とはいえ、クローズアップされるのは食や観光スポットばかりで、なかなか台湾が戦後経験してきた苦難の歴史や、つい七〇数年前まで日本とともに歩んだ歴史については紹介されておらず、「李登輝」という名前を聞いてもピンとこない日本人も多い。

だからこそ私は、李登輝がどれほど日本に期待し、日本を励まし、日本に東アジアのリーダーシップを取ってほしいと願うとともに、台湾が中国とは異なる存在として生存し続けるだけでなく、国際社会にいかに貢献していくかについて心を砕いてきたことを、少しでも多くの日本人に伝えたいのだ。

これほどまでに日本を思い、台湾を愛した「元日本人」で、国家の最高指導者として、最後まで「人として生まれてきたからには、公に尽くさなければならない」という使命を果たした人はいないだろう。李登輝という偉大な人間を、八年間そばで見続けた私なりの

「李登輝像」が読者の皆さんに伝われば幸いである。

本書を完成させるにあたり、まず何よりも李登輝元総統と曽文恵夫人に心より感謝申し上げたい。

また遅筆の私を辛抱強く励ましてくれた株式会社ウェッジ編集部の海野雅彦氏、飯尾佳央氏、ランカクリエイティブパートナーズの渡辺智也氏にも厚く感謝申し上げる。

感謝しなければならない方々の名前を挙げれば紙数は尽きないが、私を台湾で支え続けてくれた多くの先輩方、友人たち、同僚たち、そして本書の原稿をまとめる父の横に机を並べ、小学校の宿題をすることで「伴走」してくれた、ひとり息子の美輝にも感謝の気持ちを表して謝辞としたい。

あとがき　最後の呼び出し

「その日」はあっけなくやって来た。

二〇二〇年七月三〇日午後七時二四分（台湾時間）、李登輝がこの世を去った。

二月に誤嚥性の肺炎で入院して以来、遠からずこの日が来るのは分かっていたし、覚悟していた。生命の兆候を示す様々な数値であるバイタルサインが、ゆっくりではあるが少しずつ低下していたからだ。ご家族と、李登輝に仕えるほんの一部の人間だけで「新しい年は迎えられないかもしれない」という情報も共有されていた。

李登輝が亡くなる前々日、深夜にも差し掛かろうかという時間帯に、私のスマートフォンが鳴り止まなくなった。メディアの一部から「李登輝危篤」の情報が伝わり始め、それを受けて台湾に支局を置く日本メディアから次々と問い合わせが入ったからだ。すでに李登輝が入院する病院に到着してから電話をしてきた支局長もいた。確かに、その数日前から事務所内では「夜中でも電話に出られるようにしておけ」という指示が出ていたので、この日になって情報がどこかから漏れ出したのだろうと推測した。

全力で尽くしてきた八年間の終わり

手前味噌だが、私は八年間、自分なりに全力を尽くして李登輝に仕えてきたという自負がある。前任者から引き継いだこと、事務所内でのやり方を尊重しつつも、どうすれば李登輝がより仕事をしやすくなるか、より多くの情報を届けられるか、といったことを常に考えて改善してきた。

些細なことかもしれないが、九〇歳を過ぎてこれまでよりもまた視力が落ちてきた李登輝のために、講演原稿のフォントをさらに大きくしたり、読みやすいように行間を広げるようにもした。これは原稿を読む李登輝が目を細め、かがみがちになるのを観察していたから分かったもので、李登輝に指示されて変更したことではない。

晩餐会に李登輝が招待され、主催者が私も食事できるようにと別テーブルに席を用意してくれても、好意はありがたいながら、李登輝の近くを離れることはしなかった。警護のSPも近くにいるが、李登輝が賓客と会話をするなかで「あの資料を持っているか」「あれはいつのことだったかな」となったときに対応できるのは私しかいないからだ。

著書に署名を求められたり、記念撮影を頼まれたりすることも必ずある。本に相手の名前を書くために名刺をいただいても、字が小さすぎて李登輝には見にくい。そこで私がまずモレスキンのノートに大きく書いて李登輝に見せるとともに、李登輝が愛用する太さのマジックを手渡す。写真を撮るときには「元総統」としてきちんと撮っていただけるよう服装のシワやボタンまで確認する。ときには少し乱れた髪にクシを通すこともあった。

二〇一五年の早慶新春交流会の席だった。台湾在住の早稲田大学と慶應義塾大学の校友や留学生が一同に会して交流するイベントが毎年春に行われており、この年は李登輝がゲストスピーカーとして招かれていた。ちなみに、李登輝がゲストに呼ばれたのは過去三回あったが、毎回申し込みが殺到し、席があっという間に埋まってしまったという。

李登輝は「台湾の主体性を確立する道」をテーマに講演し、質疑応答に移った。ただ、会場だった国賓大飯店の会場は広く、マイクを使っていても質問の声が聞き取りづらい。私が耳元で逐一質問内容を補完したのだが、会が終わった後に参加者から言われた。

「早川さん、まるで『ささやき女将』みたいでしたね」

「ささやき女将」とは、二〇〇七年に食品偽装問題が発覚した高級料亭の謝罪会見で、息子である社長を助けようと、耳元でささやく声がマイクに拾われて放送されてしまった母の女将のこと、といえば皆さん思い出されるだろうか。

友人でもある彼は、李登輝のすぐそばに立ち、耳元で質問内容を説明する私が、まるで「ささやき女将」のようだ、と言ったのである。周りはドッと笑ったが、あとになって反芻して考えてみると私はそう言われたことがうれしかった。

私は本当に李登輝のために働くことが好きだった

私は李登輝の仕事が少しでもやりやすいように、李登輝の言葉がもっと多くの人に届くように、と考えて全力でやってきた。講演時の質問では、複雑でわかりにくい内容の質問が出ることも少なくない。「ささやき女将」と形容してもらえたということは、やや耳が遠くなり始めた李登輝に、聞き取りづらい内容の質問を、簡潔かつ明確に伝達する役割を充分に果たしているように見えたことの証左だからだ。

私はそんな仕事が大好きだった。李登輝と一緒に仕事をすることが大好きだった。李登輝がどうすれば気持ちよく仕事が出来るかを考えるのが得意だった。李登輝の発言はメディアを通じて大きな影響力となっていく。日台関係をいかに深化させるかは李登輝にとって晩年のライフワークのひとつだったが、そのためにどんな発信をしてもらえばいいか研究することも楽しかった。自分が李登輝のために役立っていることが心底うれしかった。

早朝や夜遅くにスマートフォンが鳴る。相手が「非通知」だった場合、それは十中八九、李登輝の自宅からだ。秘書あるいは当直のSPが「ラオパンから」と言ってすぐに電話が切り替わる。すると李登輝が「早川さん、あんた、来週の講演のテーマはどう考えてる?」とか「今日もらった報告だけど、もっと詳しい資料はないか」と矢継ぎ早に指示が出る。そんな指示を受けるたび、私はうれしかった。

数年前、李登輝が少し体調を崩して入院したときのことだ。週末の朝に電話がかかってきて「今から来てくれ」という。急いで着替え、タクシーで向かったが三〇分ほどの間にSPが「もう自宅は出たか」「今どの辺だ」とせっついてくる。李登輝が「まだか」と言っているに違いないのだ。やっと病院の総統専用フロアに到着すると、李登輝は待ちかねていたように原稿用紙を取り出した。体調を崩したといっても、念のための入院だったため、毎日のようにスケジュールが入っている普段の生活のなかでは書けなかったテーマについて原稿をしたためたのだった。

「人類と平和」とタイトルが書かれた原稿はもちろん日本語で、鉛筆による手書きだった。内容は「人間とはなにか」を聖書から説き起こすことから始まり、トルストイの『戦争と平和』にも言及し、「平和」を維持するために何が必要かを結論づけているもので、一読してすごい内容だと思った。私がこの原稿を読んでいる姿を、李登輝がニコニコしながら見ているのが横目に入ってくる。原稿が完成するや否や「誰かに読ませたい」と、朝から私が呼び出されたのである。

数日前、李登輝が電話してきて、いくつかの書籍のコピーを届けるよう指示があった。事務所や李登輝の自宅にない書籍もあったので、台湾大学図書館まで探しに行ったものもあったが、これを書くためだったのかと合点した。

原稿で、李登輝は「『平和』とは要するに戦争が行われていないという状態にすぎない」と書き、結論では国際社会の安定を考える上で、各国間の抑止やバランス・オブ・パワーを無視することが出来ない以上、国家が自国を守るために武力を持つことを排除することは出来ない、と書いた。ただ、武力を持ちつつも、いかにして戦争に訴えることなく秩序を保つのか、その方法を考えるのが現実的見解だろう、とも書かれていた。

私は分かった。李登輝は当時、安倍晋三首相が決断した、集団的自衛権の行使容認を受け、それを側面支援するためにこの原稿を書いたのだ。日頃から「軍隊を持つ目的は戦争をするためではない。国際社会でいじめられないために持つのだ」と言っていた李登輝の主張を、文字に落とし込んだのがこの原稿だった。それほどまでに李登輝は日本に期待し、日本を応援することを厭わなかった。

原稿を読み終わった私に、李登輝は得意そうに解説を始めた。きっと前の晩は奥様も読まされて感想を言わされ、同じように解説を聞かされたに違いない。でも私は、週末に呼び出されるのも、慌てふためいて駆けつけるのも、少しも嫌ではなかった。それほどまでに李登輝という人のために働くのが好きだった。

私たちは死んだら、千の風になるんだ

七月三〇日の夜、私は「その知らせ」を淡水の事務所を出たところで、自宅担当の秘書として長年仕えてきた同僚から受け取った。いつその瞬間が来てもおかしくなかったし、もう心の準備は出来ていた。

前日に、私はご家族の厚意で病室に入り、李登輝に最期のお別れをしていた。李登輝の容態が思わしくない段階に入ると、最期の時間は出来るかぎりご家族だけで過ごしていただきたい、という配慮から、私たち事務所の人間が病室に立ち入ることは控えてきた。しかし、いよいよの時を迎え、ご家族が声をかけてくださったのだ。

李登輝は呼吸が乱れ、苦しそうだった。ご家族からは「日本語でたくさん話しかけて」と言われた。

そう、李登輝にとって母語は日本語だった。私はこれまでいつもそうしてきたように、耳元で「総統」と呼びかけた。今まで何度「総統」と呼んできただろう。李登輝はいつも「総統」だった。退任して二〇年経っても私たちはみな「総統」と呼びかけた。いつか来ることは分かっていたが、この世にいる李登輝に「総統」と呼びかける最期のときが来たことがどこか現実的でないような気がしていた。今思い出してみても何を言ったのかあまりはっきり覚えていない。ただ何度も何度も「ありがとうございました」と感謝の言葉を繰り返していたことだけを覚えている。

私は毎週のように、忙しいときは連日のように、李登輝と顔を合わせていた。仕えるようになって数年が経っても、毎回李登輝に会うごとに風圧のようなものを感じた。最初は緊張しているのかとも思ったが、この感覚は結局、最後まで消えることはなかった。

ご自宅に行き、リビングのドアを開けると正面に李登輝の座るソファがある。そこに李登輝が座っている姿を見るだけで、圧倒されるような風圧を感じる。淡水の事務所では私の部屋と李登輝の執務室は隣どうしで、いつもドアは開け放たれている。私たちが「秘密の通路」と呼ぶ、関係者以外にはあまり知られていないドアを抜けて李登輝が入ってくると、やはり隣の部屋から風が吹き込んでくるような感覚に襲われるのが常だった。最期のお別れのとき、ベッドに横たわる李登輝を前にしてもやはり風圧を感じた。最期の瞬間まで李登輝は「総統」だったし、私にとっては大好きな「ラオパン」だった。

不思議なことがあった。李登輝が亡くなった夜のことだ。

李登輝が亡くなったのは、午後七時二四分（台湾時間）だが、私はちょうど淡水の事務所を出たところだった。事務所が入るビルの一階に降りて歩き始めてから、背広の上着を置いてきたことに気付いた。普段であれば、自宅には他の背広もあるためほとんど気にしない。また、事務所は三〇階なので、いったん戻るだけで結構な時間がかかるということもある。

絶対に事務所に取りに戻らなければならないという必要はないのだが、なぜかその時の私は事務所に戻った。そして、これまたなぜか、「総統の執務室の写真でも撮っておこうか」と電気をつけて何枚か執務室の写真を撮ったのである。もうすぐこの執務室も主《あるじ》を失うことになる、と無意識に考えたのかもしれない。再び階下に降り、歩いている途中に受けた電話が、その「知らせ」だった。

あの日は台湾の東側を進む台風の影響もあって、真夏にしては珍しく強い風が吹いていた。私は「千の風になって」を思い出した。李登輝夫妻がこよなく愛する曲だ。キリスト教を信仰していた李登輝は「仏教でいう輪廻転生を私は信じない。来世などと言わずに、いまの人生をいかに意義あるものにするかが重要なんだ」と説いていた。だから、だいぶ前から「私たちは死んだら『千の風』になるんだ」と言っていた。

いま振り返って思う。あのとき、李登輝は千の風になって淡水の事務所へ戻ってきたんだろう、と。総統を退任して以来二〇年、李登輝は生まれ故郷の三芝に近い淡水に置いたこの事務所を、活動拠点にしてきた。千の風になった李登輝は、その執務室を最後にちょっと見てみようか、と思ったに違いない。けれども、電気が消えていて見えないから私を呼び戻して明るくさせたのだろう、と。

李登輝に仕えた長い年月のあいだ、私は何度も李登輝に呼び出された。週末だったことも夜だったことも早朝だったこともある。でも私は李登輝に呼び出されるのが大好きだった。李登輝のために仕事をし、李登輝の仕事を手伝えることがうれしかった。事務所に戻り、執務室の明かりをつける「仕事」は、李登輝の私への最後の「呼び出し」だったのだろうと信じている。

李登輝年表

幼少・青年期

一九二三（大正一二）年　一月一五日、父・李金龍と母・江錦の次男として、台北州淡水郡三芝庄に生まれる

一九三五（昭和一〇）年　淡水公学校を卒業し、台北国民中学校に入学

一九三六（昭和一一）年　淡水中学校に転校。寮生活を経験

一九四〇（昭和一五）年　旧制台北高等学校に入学。読書に没頭、新渡戸稲造の著書と出合う

日本留学・従軍期

一九四二（昭和一七）年　京都帝国大学農学部農林経済学科に入学

一九四三（昭和一八）年　学徒兵となり高雄の陸軍高射砲隊で訓練。翌年、日本に戻る途中に青島（中国）に寄港

一九四五（昭和二〇）年　兄・李登欽がマニラで戦死。日本の敗戦で除隊

農業経済学者期

一九四六（昭和二一）年　台湾に帰り、台湾大学農学部農業経済学科に編入学。母・江錦逝去、祖父・李財生逝去

一九四七（昭和二二）年　二二八事件起こる。親友の何既明の実家にかくまわれ、国民党による知識人狩りから逃

れる。「白色テロ」の時代に入る
一九四八（昭和二三）年　「動員戡乱時期臨時条款」が公布される。蒋介石、第一期総統に就任
一九四九（昭和二四）年　同郷の曽文恵と結婚。戒厳令施行。台湾大学農業経済学士の学位を取得して卒業し、同大学の農学部助手に就くとともに中国農業復興聯合委員会に就職
一九五〇（昭和二五）年　長男・李憲文誕生

アメリカ留学期

一九五二（昭和二七）年　長女・李安娜誕生。奨学金を得て渡米し、アイオワ州立大学大学院修士課程に入学
一九五三（昭和二八）年　台湾大学の助手に復職
一九五四（昭和二九）年　台湾省農林庁に就職し、台湾大学の講師を兼任。次女・李安妮誕生
一九六五（昭和四〇）年　ロックフェラー財団の奨学金を獲得し、米コーネル大学大学院博士課程に入学
一九六八（昭和四三）年　農学博士号を取得して帰国、中国農業復興聯合委員会に復職。台湾大学の教授を兼任

市長・主席・副総統期

一九七二（昭和四七）年　行政院政務委員に任命される
一九七五（昭和五〇）年　蒋介石が逝去し、蒋経国が国民党主席に就任
一九七八（昭和五三）年　蒋経国、第六期総統に就任。台北市長に任命される
一九八一（昭和五六）年　台湾省政府主席に就任

一九八二（昭和五七）年　李憲文が逝去
一九八四（昭和五九）年　第七期副総統に就任。南アフリカ共和国を訪問
一九八五（昭和六〇）年　南米諸国、サンフランシスコ、東京を訪問。東京で中嶋嶺雄と会談

台湾総統期

一九八八（昭和六三）年　蔣経国が逝去。総統に昇格し、国民党主席に就任
一九九〇（平成二）年　「野百合学生運動」起こる。第八期総統に当選。李元簇を副総統、郝柏村を行政院長に指名。国是会議を召集し、国家統一委員会を設置
一九九一（平成三）年　国民大会で憲法改正案採択。「動員戡乱時期臨時条款」を撤廃
一九九二（平成四）年　「内乱罪」を規定した刑法一〇〇条が改正され、言論の自由が保障される
一九九四（平成六）年　『週刊朝日』で司馬遼太郎と対談。「山地同胞」の呼称を「原住民」に改める
一九九五（平成七）年　父・李金龍が逝去。米議会で上下院が李登輝の訪米を決議。渡米し、コーネル大学で講演
一九九六（平成八）年　台湾初の総統直接選挙で国民党候補として当選。中国が選挙に合わせて軍事演習を行う
一九九九（平成一一）年　中国と台湾は「少なくとも特殊な国と国との関係である」という「二国論」を表明
二〇〇〇（平成一二）年　総統選挙で民進党の陳水扁が当選。国民党主席を辞任

総統辞任後・訪日期

二〇〇一（平成一三）年　曽文恵とともに訪日。岡山県倉敷市の倉敷中央病院で心臓病を治療

二〇〇二（平成一四）年　台中日本人学校の記念式典で日本人生徒たちに講演。「日本李登輝友の会」設立される

二〇〇四（平成一六）年　曽文恵らとともに訪日。名古屋、金沢、京都を訪れる。石川県かほく市の「西田幾多郎記念哲学館」を訪問

二〇〇七（平成一九）年　「おくのほそ道」の散策で栃木県日光を訪問。李登欽が祀られる靖国神社に参拝。第一回後藤新平賞受賞

二〇〇八（平成二〇）年　沖縄を訪問。宜野湾市で講演

二〇〇九（平成二一）年　東京青年会議所の招聘により曽文恵とともに訪日。東京、高知、熊本で講演

二〇一一（平成二三）年　大腸ガンが発見され手術を受ける

二〇一四（平成二六）年　日本李登輝友の会の招請により曽文恵らとともに訪日。東京、大阪のほか北海道を訪問、新渡戸稲造や磯永吉の業績を偲ぶ。「ひまわり学生運動」を応援

二〇一五（平成二七）年　李安娜・李安妮夫妻らとともに訪日。東京の衆院第一議員会館で講演。郡山の総合南東北病院でガンの治療法を視察し、宮城県岩沼市で東日本大震災の慰霊碑に献花

二〇一六（平成二八）年　全国青年市長会による招聘を受け、沖縄県石垣市を訪問。このとき「日常の五心」を記した茶碗に出合って心を打たれ、歓迎会で演説

二〇一八（平成三〇）年　沖縄を訪問し、台湾人犠牲者を慰霊。講演で中国の覇権主義を批判。台北市日本工商会の依頼で講演

二〇二〇（令和二）年　逝去。享年九七歳

早川友久・はやかわ ともひさ
1977年、栃木県足利市生まれ。早稲田大学卒。

2003年より金美齢事務所の秘書として活動。

2007年から台湾大学法律系（法学部）へ留学。

台湾大学在学中に李登輝訪日団スタッフを3回務め、メディア対応や撮影を担当するスタッフとして、李登輝チームの一員となる。

2012年、李登輝から指名を受け「李登輝総統事務所」の秘書に。

総統や家族の信頼も厚く、最期まで総統の政治活動を支えた。

初出：連載「日本人秘書が明かす李登輝元総統の知られざる素顔」(WEDGE Infinity)を加筆・修正しています

総統とわたし

「アジアの哲人」李登輝の一番近くにいた日本人秘書の8年間

2020年10月20日　第1刷発行

著者　早川友久
発行者　江尻 良
発行所　株式会社ウェッジ
〒101-0052 東京都千代田区神田小川町1丁目3番1号
NBF小川町ビルディング3階
電話03-5280-0528　FAX03-5217-2661
https://www.wedge.co.jp/
振替　00160-2-410636
企画協力　ランカクリエイティブパートナーズ
画像調整　ノアーズグラフィック
装丁・組版　松村美由起
印刷製本　図書印刷株式会社

Printed in Japan by WEDGE Inc.　ISBN 978-4-86310-233-0 C0031